*Le chat et l'enfant
qui ne parlait pas*

JAYNE DILLON
avec la collaboration d'Alison Maloney

*Le chat et l'enfant
qui ne parlait pas*

Traduit de l'anglais
par Christophe Cuq

ÉDITIONS FRANCE LOISIRS

Publié en Angleterre sous le titre *Jessi-cat : The cat that unlocked a boy's heart* par Michael O'Mara Books.

Édition du Club France Loisirs,
avec l'autorisation de City Éditions.

Éditions France Loisirs,
123, boulevard de Grenelle, Paris.
www.franceloisirs.com

Le Code de la propriété intellectuelle n'autorisant, aux termes des paragraphes 2 et 3 de l'article L. 122-5, d'une part, que les « copies ou reproductions strictement réservées à l'usage privé du copiste et non destinées à une utilisation collective » et, d'autre part, sous réserve du nom de l'auteur et de la source, que les « analyses et les courtes citations justifiées par le caractère critique, polémique, pédagogique, scientifique ou d'information », toute représentation ou reproduction intégrale ou partielle, faite sans le consentement de l'auteur ou de ses ayants droit ou ayants cause, est illicite (article L. 122-4). Cette représentation ou reproduction, par quelque procédé que ce soit, constituerait donc une contrefaçon sanctionnée par les articles L. 335-2 et suivants du Code de la propriété intellectuelle.

© City Éditions 2014 pour la traduction française
© Jayne Dillon 2013

ISBN : 978-2-298-09485-5

*À mon papa, qui aurait adoré ce livre.
Et aussi à ma famille, à mes
chats et à tous ceux atteints
d'un handicap invisible.*

Qu'est-ce que le mutisme sélectif ?

Le mutisme sélectif est un trouble anxieux de l'enfance qui se caractérise par l'incapacité de l'enfant à parler dans certains endroits, alors qu'il peut parler tout à fait normalement dans d'autres.

Ce trouble, qui débute souvent au plus jeune âge, est généralement passager et se manifeste par exemple lors de l'entrée en maternelle ou à l'occasion d'une hospitalisation. Mais, en de rares cas, il peut persister durant la scolarité de l'enfant.

La plupart du temps, l'enfant ne parlera pas à ses enseignants, ni même quelquefois à ses camarades ; en revanche, il pourra communiquer de façon non verbale. D'autres situations de blocage de la parole peuvent aussi se produire vis-à-vis de membres de la famille. L'enfant n'a le plus souvent aucun autre problème identifiable et s'exprime sans aucune difficulté chez lui ou avec des amis proches.

À l'école, dans les matières où l'usage de la parole n'est pas requis, il progresse en général normalement par rapport à son âge.

La caractéristique principale du mutisme sélectif est l'impossibilité persistante de l'enfant à parler dans certaines situations sociales bien précises (à l'école, par exemple, avec ses camarades et/ou son enseignant), en dépit du fait qu'il parvienne à parler dans d'autres situations où il se sent plus à l'aise.

De manière générale, les enfants souffrant de mutisme sélectif :

- éprouvent des difficultés à établir un contact visuel quand ils sont anxieux. Il peut arriver qu'ils détournent le regard et semblent vous ignorer ; on pourrait prendre cela pour de la froideur, mais ce n'est pas le cas : c'est juste qu'ils sont incapables d'exprimer une réaction.
- ne sourient pas ou affichent un visage impassible lorsqu'ils se sentent anxieux, et c'est généralement le cas à l'école. C'est pourquoi il leur est difficile de sourire, de rire ou d'exprimer ce qu'ils ressentent.
- se déplacent avec raideur ou maladresse en situation d'anxiété, ou s'ils pensent qu'on les observe.
- éprouvent de grandes difficultés à répondre à l'appel ou à dire bonjour, au revoir ou merci. Cela peut sembler impoli, voire être blessant, mais ce n'est pas intentionnel.
- sont lents à répondre, de quelque façon que ce soit, à une question.

- deviennent encore plus anxieux lorsqu'on les pousse à parler.
- ont tendance à s'inquiéter plus que les autres.
- sont particulièrement sensibles sur le plan affectif.
- ont une plus grande sensibilité sur le plan sensoriel, notamment aux bruits, aux odeurs, au contact physique avec autrui ou à la foule.
- sont très sensibles aux réactions des gens, qu'ils peuvent parfois mal interpréter.
- ont du mal à exprimer leurs sentiments, car cette démarche leur est pénible[1].

---

1. Extrait du site de la SMIRA (association britannique d'information et de recherche sur le mutisme sélectif), *www.selectivemutism.co.uk*.

Prologue

Un chat

Lorcan se tient devant la classe, scruté par 30 paires d'yeux impatients. Sur une table à côté de lui, dans une petite caisse, se trouve une miraculeuse boule de poils : la raison même qui lui permet aujourd'hui de se livrer à cet exercice historique.

À huit ans, il s'apprête à parler en public pour la première fois, et le sujet qu'il a choisi d'aborder est son animal de compagnie adoré : notre magnifique chatte birmane, Jessi.

Avant que Jessi n'entre dans nos vies, il y a deux ans de cela, s'exprimer en public n'aurait pas été seulement intimidant pour lui, c'eût été tout bonnement impossible. Lorcan souffre de mutisme sélectif, un trouble anxieux handicapant qui l'a empêché de parler à ses camarades, ainsi qu'à ses enseignants, et l'a rendu muet durant le plus clair de ses premières années d'école. Depuis l'arrivée de Jess, Lorcan a progressé à pas de géant et, en décembre 2012, quand son tour est venu de se livrer au traditionnel « exposé oral libre » (c'est-à-dire un court exposé portant sur le sujet de son choix), son institutrice lui a demandé s'il souhaitait se prêter au jeu. À sa grande surprise, et à la mienne, Lorcan a répondu qu'il voulait bien.

Tout naturellement, c'est de Jessi qu'il a décidé de parler. Nous avons donc demandé à son institutrice s'il pouvait apporter la chatte à l'école, et elle a donné son accord. J'ai préféré qu'il s'en tienne à un discours simple et qu'il ait plein de choses à montrer. Lorcan a choisi ce qu'il voulait inclure dans son exposé et j'y ai noté quelques mots au sujet du prix du « chat de l'année » que l'association Cats Protection[1] avait décerné à Jess durant l'été. Lorcan s'est bien préparé et, le matin du grand jour, il ne semblait pas nerveux.

Il est arrivé à l'école comme d'habitude avec, dans un sac, les objets en rapport avec le chat, et je suis retournée à la maison chercher Jessi.

Quand nous sommes arrivées à l'école, elle était couchée, apparemment calme, sur une couverture douillette au fond de sa caisse de transport. Je l'ai donc confiée à l'institutrice et suis allée attendre dans le hall, une boule dans le ventre.

Nous savions qu'il y avait deux scénarios possibles : soit Lorcan prenait confiance en lui et s'en sortait comme un chef, soit il n'arrivait pas à parler et se fermait comme une huître. Heureusement, comme son meilleur copain s'était proposé pour l'aider, je

---

1. Association britannique pour la protection des chats fondée en 1927.

me rassurais en me disant que, si Lorcan éprouvait des difficultés, George volerait à son secours. Lorcan avait accompli d'immenses progrès pour prendre la parole à l'école et je tenais vraiment à ce que cette épreuve se passe au mieux.

Après 10 minutes d'angoisse, j'ai vu Lorcan sortir de la classe, et mon cœur a bondi dans ma poitrine. Un immense soulagement m'a alors envahie lorsque j'ai vu le grand sourire sur son visage.

L'institutrice m'a expliqué que Lorcan s'était très bien débrouillé. Il n'avait pas eu besoin de l'aide de son ami et avait même répondu aux questions des autres élèves, ravis de la présence de la chatte dans l'école.

Il leur avait parlé des trophées qu'elle avait remportés et leur avait présenté divers souvenirs, comme le programme de la cérémonie de remise du prix du « chat de l'année » au prestigieux hôtel Savoy de Londres, un des jouets de Jess, ainsi que les superbes dessins que Simon Tofield, le créateur de la série d'animation britannique *Simon's Cat*, avait gentiment réalisés pour lui.

L'institutrice m'a montré une photo de Lorcan en train de s'adresser à la classe. Tout comme moi, elle se réjouissait qu'il soit parvenu à surmonter ses difficultés. Prendre la parole devant une trentaine d'enfants et se retrouver au centre de l'attention tenait véritablement de l'exploit pour Lorcan.

Sur un petit nuage, et la gorge quelque peu serrée, je suis rentrée à la maison avec Jess et, impatiente de partager la nouvelle avec la famille et les amis, j'ai posté sur ma page Facebook :

> *Aujourd'hui, Lorcan a apporté Jessi à l'école et a fait un exposé oral à son sujet devant toute la classe ! Il leur a expliqué pour le prix du « chat de l'année » et a répondu à des questions. Je ne crois pas qu'il aurait réussi si Jessi n'avait pas été là. Cette chatte est une bénédiction inestimable. Elle porte bien son nom (de pedigree) pompeux de* **Bluegenes Angel**[1].

Tout le monde était vraiment content, et j'ai été submergée de messages de soutien de nos proches, qui connaissaient le combat de Lorcan contre le mutisme sélectif. Ils ont immédiatement compris l'importance d'un tel événement pour notre famille. Quant à nous, nous avions désormais une raison de plus de nous féliciter de la présence de cette magnifique chatte dans nos vies. Il s'agit bel et bien d'un ange.

---

1. *Bluegenes Angel* signifie « ange aux gènes bleus ».

1

Un nouveau départ

Quelques semaines avant Noël 2003, j'avais emmené mon fils de deux ans, Luke, à l'anniversaire d'un garçon de son âge. Pendant que les enfants jouaient et s'amusaient bruyamment, je bavardais avec une amie enceinte, sur le point d'accoucher, et avec une autre future maman.

Au milieu de toutes ces discussions sur les bébés, j'ai commencé à éprouver une sensation très étrange, mais, prise par la frénésie des préparatifs des fêtes de fin d'année qui approchaient, je me la suis rapidement sortie de la tête.

Cette année-là, comme la plupart du temps, nous avions organisé un repas de réveillon tout simple à la maison. Il y avait moi, mon mari David, nos deux fils Adam et Luke, et ma mère Pauline, qui habite à deux pas de chez nous, à Manchester. À un moment donné de la soirée, je me suis à nouveau sentie bizarre, et j'ai dit à David, qui est médecin généraliste :

— Je suis enceinte. Je suis sûre que je suis enceinte.

— Ne dis pas de bêtises, a-t-il répondu en riant. Tu crois toujours être enceinte.

Nous ne cherchions pas à avoir un autre enfant, et il était convaincu que je me faisais des idées, mais, pour ma part, j'étais nettement moins catégorique.

Le lendemain de Noël, premier jour des soldes, je suis allée faire un tour au Trafford Centre (un gigantesque temple du shopping situé tout près de chez nous, pour le plus grand malheur de mon porte-monnaie), où j'ai déniché des tas de jolies choses à petits prix.

Au moment de faire la queue à la caisse et de payer la montagne de nouveaux habits, je me souviens de m'être dit : *C'est ridicule d'en avoir pris autant. D'ici quelques mois, je ne rentrerai plus dedans.*

Une fois revenue à la maison, j'ai parlé à David entre quat'z'yeux.

— Je suis enceinte, ai-je répété. Ça ne fait aucun doute, je suis enceinte. Je ne saurais pas t'expliquer comment je le sais, mais je le sens.

Alors, plus pour me faire taire que parce qu'il me croyait, il est allé sur-le-champ acheter un test de grossesse. Je me suis enfermée dans la salle de bains et, rapidement, la fine ligne bleue a confirmé ce que je savais déjà. Sans un mot, j'ai montré à Dave le test positif et il a dit :

— Ah ! Donc, tu l'es.

Cela n'avait pas été programmé, mais la surprise

a été agréable, et nous étions tous les deux enchantés.

Mon aîné, Adam, né avant que je rencontre David, avait déjà 16 ans, et Luke, 2 ans. Ce futur bébé allait donc idéalement compléter notre petite famille.

Dès que j'ai su que le troisième était en route, je me suis demandé comment nous allions l'appeler. Mon mari est irlandais, et j'avais quantité de prénoms féminins en tête, mais, pour un garçon, je n'avais aucune idée. Je me suis donc aussitôt mise en quête.

À l'époque où j'attendais Luke, nous avions opté pour « George », mais, le prénom n'allant pas au bébé, nous nous étions rabattus sur « Luke ».

Cette fois-ci, j'avais envie d'un prénom qui sortait un peu de l'ordinaire. En parcourant les sites sur Internet, je ne cessais de revenir sur « Lorcan », si bien qu'il a fini par s'imposer. Il signifie « petit guerrier féroce ».

À la vingtième semaine, quand nous sommes allés passer l'échographie de routine, j'ai prévenu l'échographiste que je ne souhaitais pas connaître le sexe du bébé. Elle ne nous l'a pas dévoilé ; néanmoins, elle a eu beau déplacer rapidement la sonde, David et moi avons tous les deux pu constater qu'il s'agissait d'un garçon. Pour une sage-femme et un médecin, ce genre de chose se repère facilement !

Après la naissance de mon premier enfant, Adam, j'avais en effet suivi une formation en trois ans de sage-femme. Je trouvais cette profession extrêmement enrichissante et profondément gratifiante, et j'aimais beaucoup l'idée d'aider à mettre tous ces bébés au monde.

**

Avant d'avoir Luke, je travaillais dans le service de maternité du centre hospitalier de Trafford, à quelques pas de là où nous habitons actuellement. Au fil des mois précédant la naissance de Lorcan, j'avais progressivement réduit mes heures, au point de ne plus travailler qu'une ou deux nuits par semaine.

Malgré cela, du fait de mon expérience dans le métier et de ma familiarité avec le service, l'arrivée de Lorcan se déroula sans stress.

Le travail fut très rapide. Dès les premières douleurs, j'avais prévenu les sages-femmes par téléphone que j'étais en route pour l'hôpital, et c'est mon amie Natalie Webb-Riley qui mit au monde Lorcan. Tout alla comme sur des roulettes.

Lorcan avait le visage figé après la naissance, comme sidéré (peut-être la rapidité de son arrivée s'était-elle avérée quelque peu angoissante ?). Mais, rapidement, ses traits se sont décrispés, et il est devenu un très joli bébé.

Dave était présent lors de l'accouchement, et nous avons pris Lorcan dans nos bras à tour de rôle. Comme nous devions attendre que le pédiatre l'examine avant que je puisse sortir, Dave a fait un saut à la maison pour aller chercher Luke, histoire qu'il fasse la connaissance de son petit frère. Avant même de le voir, je l'ai entendu courir dans le couloir en criant : « Maman, maman ! » à tue-tête. Je suis certaine que les autres patients de l'hôpital ont beaucoup apprécié…

Luke a jeté un coup d'œil au bébé, mais ma chemise de nuit l'intéressait davantage, à cause du dessin de Betty Boop imprimé sur le devant !

Nous lui avions acheté un cadeau, comme s'il venait de la part du bébé, afin qu'il ne se sente pas laissé pour compte. C'était une figurine de Peter Pan qu'il avait repérée auparavant.

Je suis sortie de l'hôpital au bout de quelques heures. Étant moi-même sage-femme, je savais que j'allais bien, à quels signes être attentive, et je ne voulais pas voir mes collègues courir dans tous les sens pour s'occuper de moi. Croyez-moi, elles ont déjà suffisamment à faire. Je ne suis même pas entrée en chambre. J'avais beau être fatiguée, tout s'était apparemment passé pour le mieux, Lorcan avait un poids normal (de 3,45 kilos) et j'étais disposée à rentrer.

Lorsque j'ai ramené le bébé à la maison, Luke n'était toujours pas plus impressionné que cela. Il a jeté un regard rapide à son petit frère et a vite conclu que ça ne l'intéressait pas. Quant à Adam, il avait déjà vécu l'arrivée d'un nouveau-né ; alors, pour lui non plus l'expérience n'avait rien de fascinant.

Comme j'étais déjà sur pied et que je me sentais parfaitement bien, ma mère est venue nous voir dès notre retour. Quelques jours plus tard, c'est mon frère qui est passé avec ses enfants. Après quoi, nous avons vite adopté une routine et poursuivi le cours de nos vies.

Lorcan était un bébé adorable, mais il pleurait énormément, ce qui effrayait Luke. Pour un si petit bout, il avait un sacré coffre. Dès qu'il commençait à pleurer, Luke s'asseyait en se bouchant les oreilles pour ne plus l'entendre. Un jour, il est allé jusqu'à me demander si on pouvait le rapporter à l'hôpital.

Les nuits étaient un cauchemar. Luke avait été un bébé classique qui s'endormait assez vite dès que nous le déposions dans son lit, mais Lorcan nous donna bien plus de fil à retordre. Le jour, il était très mignon et très sage, mais la nuit, c'était une horreur.

À l'époque où Luke était bébé, David devait se lever tôt et parcourir beaucoup de route pour se rendre à son travail. Il lui donnait donc son biberon avant de sortir. Mais quand on a deux enfants en bas âge, il faut savoir trouver un équilibre : une fois Lorcan à la maison, David s'est davantage occupé de Luke, qui avait maintenant trois ans, tandis que moi, je me chargeais du bébé. David continuait de se lever tôt pour sortir travailler et il a dû apprendre à trouver le sommeil au milieu des pleurs.

Le jour, en revanche, Lorcan était plutôt calme, surtout quand nous étions à l'extérieur. Maman et moi l'emmenions souvent au Trafford Centre lorsqu'il pleuvait, car c'est un endroit sympa où sortir et on peut y promener le landau. Quand Luke était plus petit et que nous allions faire les boutiques, il était insupportable. Il voulait tout ce qu'il voyait, il n'arrêtait pas de faire la comédie, et nous finissions toujours par le sortir hurlant du magasin. Lorcan, lui, était super.

Bambin, il allait jusqu'à nous aider dans nos achats ! Ma mère lui demandait : « Lequel est-ce que je prends ? » et Lorcan pointait du doigt tel ou tel article depuis son landau.

Nous pouvions passer la journée à flâner ainsi dans des boutiques de vêtements ennuyeuses, et il restait assis à sourire sans émettre le moindre gazouillis.

Une fois que Lorcan a commencé à marcher à quatre pattes, Luke s'est intéressé un peu plus à lui. Il se couchait par terre pour jouer avec lui. J'étais soulagée, car je désespérais de voir Luke aimer le bébé.

La première fois qu'il a montré un réel intérêt envers son petit frère est le jour où nous venions de transformer le garage accolé à la maison en salle de jeux. Lorcan avait environ sept mois. En rentrant de la maternelle, Luke a découvert la nouvelle salle de jeux repeinte et revêtue de moquette.

Il a demandé :

— Je peux aller m'amuser dans la salle de jeux ? Avec Lorcan ?

J'étais folle de joie, car c'était véritablement la première fois qu'il souhaitait impliquer le bébé dans ses activités. Il est également devenu très protecteur. Un jour, alors que Lorcan avait dans les huit mois, et Luke, environ quatre ans, je les ai emmenés dans une aire de jeux sécurisée du voisinage. Ils étaient assis ensemble dans une piscine à balles quand une petite fille a touché Lorcan du bout du pied sans le faire

exprès. Elle l'a à peine effleuré. Il n'a pas eu mal et n'a même pas pleuré, mais Luke n'a pas supporté. Il s'est vraiment fâché et a lancé à la pauvre petite fille sans mâcher ses mots :
— Tu as frappé mon bébé !
Depuis ce jour, il a, de bien des manières, toujours pris soin de son petit frère.

***

Le service de maternité du centre hospitalier de Trafford (qui a, hélas, été fermé depuis la naissance de Lorcan) a joué un rôle important dans nos vies. En plus d'avoir vu naître Lorcan, c'est également là que David et moi nous sommes connus en 2000. Notre histoire n'a pas débuté sur un coup de foudre.

À vrai dire, je ne me rappelle même pas notre première rencontre, et les premiers mots que je lui ai dits ont sans doute été : « Pourriez-vous me signer cette ordonnance ? » ou « Pouvez-vous venir vérifier l'état de tel patient ? »

Mais nous travaillions toute la semaine côte à côte aux consultations et nous nous entendions bien.

David et certains de ses collègues effectuaient leur stage clinique de six mois, et, quand il a pris fin, un grand pot de départ a été organisé pour tout le monde. La soirée avait été excellente, et David et moi faisions vraiment la paire. La fête terminée, comme il logeait à l'hôpital et que j'habitais juste à côté, nous sommes rentrés à la maison ensemble, et c'est à partir de là que notre histoire a débuté. Nous avons commencé à nous voir régulièrement. Pour être honnête, il ne correspondait pas vraiment à mon type d'homme, mais on s'accordait à merveille, et le déclic s'est produit. Nous avons su très tôt que nous finirions ensemble.

J'avais eu Adam à l'âge de 20 ans et galéré 12 ans comme mère célibataire avant que David n'arrive dans ma vie. Tout n'était pas toujours rose, mais j'habitais avec mes parents, et ils m'avaient toujours soutenue. Sans eux, jamais je n'aurais pu entreprendre ma formation de sage-femme ni garder un boulot en horaires décalés.

L'obstétrique est une activité imprévisible : si la patiente dont vous vous occupez accouche à la fin de votre garde, vous ne rentrez pas chez vous à l'heure. Il est donc vital d'avoir une bonne nourrice. Et puis j'effectuais des gardes de nuit aussi souvent que possible, afin de passer plus de temps en journée avec Adam.

Je disposais de la voiture de ma mère, je n'avais aucun souci de nourrice : c'était l'arrangement idéal. Hélas, papa est mort quand Adam avait cinq ans. Maman s'était donc retrouvée veuve assez jeune, et, dès lors, nous lui tenions compagnie.

Adam était un petit garçon très poli. Le diagnostic n'a été posé qu'à 18 ans, mais il souffrait du syndrome d'Asperger[1], et les enfants atteints de cette affection se comportent souvent mieux que les autres, parce qu'ils aiment suivre des règles.

---

1. Trouble autistique caractérisé par des difficultés importantes dans les interactions sociales, associées à des intérêts restreints et à des comportements répétés.

David s'est d'emblée très bien entendu avec lui. Adam avait une douzaine d'années à l'époque, mais, étant d'un naturel calme et facile à vivre, il s'accorde avec tout le monde, et cela a grandement facilité les choses.

Mon cœur a failli s'arrêter quand j'ai appris que j'étais enceinte de Luke. Il n'y avait pas très longtemps que nous étions ensemble, et nous n'avions aucun projet d'enfant à ce stade. J'avais des nausées et je ne me sentais vraiment pas bien. Comme notre relation était devenue sérieuse, j'ai annoncé à Dave que je pensais être enceinte.

Il a toujours voulu fonder une famille. Il a donc répondu qu'il espérait bien que c'était le cas. Quand le test de grossesse que nous avons acheté s'est avéré positif, David n'arrêtait plus de sourire.

Pour ma part, j'avais un peu plus d'appréhension, pas pour le bébé, mais à l'idée d'accoucher. Comme beaucoup de femmes, j'avais énormément souffert pour mon premier accouchement et, en tant que sage-femme, j'avais assisté à bien d'autres naissances douloureuses. En outre, une longue période s'était écoulée entre mes deux grossesses, et j'angoissais à la perspective de complications.

Mais David était ravi et très excité ; alors, j'ai mis mes peurs de côté. Nous avions dépassé la trentaine, et, même si j'avais déjà un enfant et que j'en serais volontiers restée là, l'arrivée d'un bébé reste une bénédiction. Programmé ou pas, une fois qu'il est là, c'est votre bébé, il est adorable et vous l'aimez sans condition.

Au troisième mois de grossesse, nous avons pris un pavillon en location près de chez ma mère. Entre-temps, Dave avait changé de poste. Il travaillait assez loin et ne rentrait à la maison que les week-ends.

Luke est né en mai 2001, et l'accouchement s'est déroulé sans problème. C'était un bébé idéal, le genre dont toutes les mamans rêvent. Il a souri à trois semaines, s'est assis très tôt et a tout fait avant l'âge prévu.

Ni moi ni David n'étant très à cheval sur les conventions, ou sur la tradition, je ne ressentais pas le besoin de porter d'alliance à mon doigt, et ce, malgré l'arrivée imminente de Luke.

Nous nous sommes cependant fiancés pendant ma grossesse et, en 2003, nous nous sommes dit oui, principalement parce que nos parents ne cessaient de nous réclamer une date. Dave ne m'a pas fait de demande en mariage romantique ; nous avons simplement décidé d'un commun accord d'officialiser les choses. De toute façon, nous n'avions absolument pas envie d'un mariage en grande pompe.

En mars, au premier beau jour de l'année, nous nous sommes rendus au service de l'état civil du district, à Sale, en compagnie de mon amie, de son mari et de nos enfants, puis avons invité quelques proches et collègues à la maison. David portait un costume qu'il avait sorti de son placard, et moi, une robe achetée sur un coup de tête quelque temps auparavant. Nous n'avions pas eu de temps à accorder aux préparatifs du mariage, mais, un jour que maman et moi faisions notre tour habituel des boutiques, j'avais repéré une magnifique robe en soie mi-longue, rose foncé.

Maman m'avait glissé qu'elle ferait une jolie robe de mariée (j'avais parfaitement saisi le message) et nous l'avions donc achetée.

Après quoi, David et moi nous étions finalement lancés : j'avais appelé le bureau de l'état civil, nous avions réservé la première date disponible, et c'était réglé. Tout dans le pratique…, mais c'est notre style.

La cérémonie a vraiment été mémorable, car nous avions choisi de faire au plus court, et Luke, qui avait 15 mois à l'époque, a passé son temps à courir d'un bout à l'autre de la salle avant d'essayer d'ouvrir la porte coupe-feu.

Sur le chemin du retour, nous nous sommes arrêtés dans un pub du coin, le Jackson's Boat, à Sale, pour marquer le coup avec nos témoins, Julie et Kieran, et leur petit garçon Daniel, qui a quelques mois de plus que Luke. Un verre plus tard, on nous a priés de mettre les voiles parce que les rires des petits dérangeaient les clients ! Ça n'était probablement pas plus mal, car tout le monde nous attendait à la maison, où maman et tatie Vera avaient sué sang et eau pour préparer un fabuleux buffet.

Tout avait été improvisé à la dernière minute, mais ç'a été super. Malheureusement, la famille de Dave, qui habite en Irlande, n'avait pas réussi à trouver de billets d'avion dans un temps si court, mais nous avons passé un après-midi vraiment sympa avec voisins et amis.

D'ailleurs, j'ai toujours ma robe de mariage accrochée dans la penderie de notre chambre, avec sa très seyante tache de vin sur le devant !

2

Lorcan, Lily et les rires

Lorcan est né le 12 septembre 2004, le jour où Luke devait entrer en maternelle. La section de maternelle étant intégrée à l'école primaire de Woodhouse Primary, son planning s'aligne sur celui de l'année scolaire, mais l'équipe avait accepté de repousser la rentrée de Luke de 15 jours en raison de l'arrivée du bébé. Le matin du jour convenu, j'ai donc laissé Lorcan à ma mère afin d'emmener Luke, et nous sommes partis à pied pour l'école toute proche. Au début, Luke était évidemment nerveux ; il me serrait la main. Mais dès qu'il a vu les autres enfants s'amuser, ça s'est arrangé. Il avait hâte de les rejoindre et, quelques minutes plus tard, il était assis par terre à jouer avec des petites voitures et des Duplo (un jeu de construction semblable aux Lego, mais avec de plus grosses briques).

Comme tous les petits Anglais, Luke n'allait à la maternelle que deux heures et demie par jour, tantôt le matin, tantôt l'après-midi. Il m'était donc difficile de m'absenter : soit je devais être là pour aller le chercher à 11 h 30, soit le préparer pour 13 heures tout en m'occupant dans le même temps d'un nourrisson. Mais je me réjouissais que Luke s'intègre bien, surtout compte tenu du fait qu'il devait faire face à la présence d'un nouveau-né à la maison.

Maman étant à la retraite et habitant au coin de la rue, tout près de l'entrée de la maternelle, nous étions souvent chez elle. Je lui laissais fréquemment le bébé le temps d'aller chercher Luke à l'école. Après quoi, nous revenions déjeuner chez elle.

Comme je continuais de travailler une ou deux nuits par semaine, plus une garde supplémentaire de temps à autre quand le service était en sous-effectif, ma mère faisait souvent la baby-sitter quand Dave était au boulot. Le reste du temps, Luke étant à la maternelle, j'étais seule à la maison avec Lorcan.

C'était un bébé très calme, qui n'avait aucun problème à rester assis plusieurs heures dans son landau. Un week-end, nous sommes partis au pays de Galles en famille. Luke a passé deux heures à jouer sur la plage, à construire des châteaux de sable et à patauger dans l'eau, tandis que Lorcan regardait le monde défiler depuis son landau. À aucun moment il n'a pleuré pour qu'on l'en sorte.

Mais les nuits difficiles continuaient. Lorcan n'a jamais fait des nuits complètes étant bébé (et encore aujourd'hui…). C'était la croix et la bannière pour l'endormir, puis il se réveillait et pleurait tout au long de la nuit, car il avait horreur du lit. Lorsqu'il a eu 10 mois, j'ai tenté de le faire dormir dans la chambre de Luke, qui couchait dans un de ces lits à étage avec une échelle et des tiroirs au-dessous.

Quelques jours plus tard, en entrant dans la chambre un matin, j'ai surpris Lorcan en train de grimper sur le lit de Luke ! J'ai bondi juste à temps pour le rattraper. Après cet épisode, nous l'avons pris quelque temps dans notre lit, ce qui était loin d'être l'idéal. Il dormait un petit peu mieux, mais les nuits n'en sont pas moins restées un calvaire.

Quand Lorcan était nourrisson, je lui ai appris la langue des signes pour bébé. À l'époque, il n'y avait aucun cours dans les environs et j'avais dû acheter un manuel afin de lui enseigner quelques rudiments. Il a appris en un rien de temps, et cela nous a vraiment sauvé la vie, car il pouvait ainsi me dire s'il était fatigué ou s'il avait faim ou encore me faire savoir quand il voulait du lait.

***

Lorcan a parlé très tôt. Je ne me souviens pas de son premier mot exact, mais il a commencé de façon classique, par « ba-ba », « da-da », « ma-ma ». Il s'agissait juste de sons et de tâtonnements, rien d'inhabituel, des paroles assez banales. À deux ans, il construisait des phrases correctes et discutait presque aussi bien que son frère, de trois ans son aîné. Un jour, il a répondu au téléphone à Natalie, la sage-femme qui l'avait mis au monde, et, lorsqu'il me l'a passée, elle m'a demandé si c'était Luke qui avait décroché. Quand je lui ai dit que c'était Lorcan, elle était très enthousiaste, car il parlait admirablement bien et était très précoce.

Quand Lorcan a eu un an et demi, maman lui a accidentellement écrasé le bout du doigt en fermant la portière. Ma pauvre mère était si affolée qu'elle n'a même pas pu nous accompagner à l'hôpital.

Inutile de préciser que j'étais moi-même dans tous mes états. Il était si petit. Nous avons foncé aux urgences de Trafford et, une fois là-bas, l'infirmière m'a demandé sa date de naissance. J'étais tellement bouleversée que je n'ai pas pu m'en souvenir, je me contentais de sangloter en répétant :

— Mon Dieu, je ne sais plus.

C'était juste le bout de l'index, et les examens ont montré qu'il n'y avait aucune fracture sérieuse : ce jour-là, nous avions échappé au pire. Mais la pauvre puce avait visiblement souffert. Lorcan hurlait à pleins poumons dans la salle d'attente bondée, et l'attente sans fin n'en avait été que plus insupportable.

Il criait toujours comme un beau diable quand on nous a finalement fait entrer pour la radio. Et puis nous avons vu le médecin, et là, bizarrement, dès qu'elle nous a présenté le cliché, Lorcan s'est tu pour regarder. Jusque-là, tout l'hôpital (et sans doute la moitié de Manchester !) pouvait l'entendre, mais aussitôt qu'il a vu l'image de sa main sur la boîte à lumière, il s'est figé. J'étais vraiment franchement soulagée, d'abord parce qu'il n'avait rien de grave, mais aussi parce qu'il s'était finalement tu !

Lorcan était un très joli bébé. Chaque fois que nous sortions faire des courses ou que David l'emmenait chez le marchand de journaux, les adultes ne pouvaient s'empêcher de lui sourire et de s'intéresser à lui. Mais dès que quelqu'un lui adressait la parole, il courait se cacher derrière le comptoir.

À la maison, en revanche, avec la famille, c'était un vrai moulin à paroles, et il adorait apprendre de nouveaux mots. Tant qu'il n'avait qu'un an ou deux, je trouvais tout naturel qu'il soit timide et craintif avec les inconnus. Nous n'en faisions pas cas : un enfant en bas âge réagit ainsi face à des visages qui ne lui sont pas familiers. Aujourd'hui, je me dis que nous sommes certainement passés à côté d'autres signes au cours de ses premières années, mais, à l'époque, ce comportement semblait tout à fait normal.

Le problème, c'est que Lorcan n'était pas timide au sens où on l'entend habituellement. Il n'avait aucun problème pour lancer une parole ou un sourire à un inconnu. Même à cet âge, il ne venait pas se cacher dans mes jupes ou derrière mes jambes, comme font beaucoup d'enfants. Lorcan se contentait d'ignorer les gens. S'ils lui adressaient la parole, il les regardait, mais ne répondait pas.

À 18 mois, Lorcan était une véritable pipelette. Un jour, Dave nous a déposées, Natalie et moi, au Trafford Centre, où nous devions retrouver des collègues sages-femmes pour déjeuner. Lorcan n'avait pas cessé de discuter tout au long du trajet jusque chez Natalie, mais, dès que mon amie est montée dans la voiture, il s'est fermé comme une huître. Il est resté assis dans son siège-auto sans dire un mot.

Cela n'a peut-être rien d'inhabituel chez un enfant en bas âge. Ce qui l'était plus, en revanche, c'est que ça ne se limitait pas aux adultes. Les autres enfants aussi avaient droit au mur de silence.

Un jour, alors que Lorcan avait deux ans, ma tante Vera est venue rendre visite à ma mère. Elle avait amené son petit-fils Jacob, qui a à peu près le même âge que Lorcan. Maman avait l'habitude de voir Lorcan discuter en continu ; alors, pensant que ces deux-là s'entendraient comme larrons en foire, elle avait pris Lorcan chez elle pendant que je me reposais d'une garde de nuit.

Il est resté là-bas deux heures et, en deux heures, pas un son. Chez nous, il parlait à la perfection, mais dans cette paire d'heures, alors que Jacob discutait et s'amusait, mon fils n'avait pas prononcé un mot. Là encore, nous nous sommes dit qu'il était normal pour un enfant d'être un brin timide ou silencieux dans certaines situations, tout spécialement lorsqu'ils n'ont pas encore commencé l'école. Une maman n'y voit rien d'alarmant. C'est quand l'habitude persiste qu'elle devient problématique.

Pour l'anniversaire de Luke, en mai 2007, nous avions organisé une fête « Sciences en folie » à la maison et invité neuf garçons de son école que, pour la plupart, Lorcan connaissait. L'animateur avait présenté aux garçons plusieurs expériences scientifiques et les avait fait participer à certaines.

Ils s'étaient bien amusés, mais je me souviens qu'une chose m'avait beaucoup intriguée : Lorcan avait refusé de participer, et, là encore, il n'avait pas prononcé une parole de tout l'après-midi.

Quelques mois plus tard, peu après son troisième anniversaire, nous étions au Early Learning Centre, un magasin de jouets éducatifs pour les tout-petits. C'était un mardi et, ce jour-là, ils proposaient aux enfants de s'amuser gratuitement avec leurs articles. Tout à coup, un petit garçon de son âge a surgi brusquement devant lui, et Lorcan a sursauté et reculé de quelques pas. J'ai trouvé ça bizarre.

Quand il pense être seul avec nous, Lorcan est un petit bonhomme bruyant, vif et espiègle, et il l'a toujours été. Lorsqu'il avait deux ans, nous nous sommes offert un séjour en famille à Disneyland Paris. Lorcan s'est égosillé durant les 50 minutes du vol, mais, dès que, passablement sur les nerfs, nous sommes arrivés à l'aéroport, il n'a plus rien dit.

Le temps que nos bagages arrivent, je l'ai emmené dans un coin pour qu'il aille sur son pot de voyage (il s'agit d'un gadget en plastique contenant un sachet qu'on peut facilement jeter dans une poubelle). Une fois qu'il a eu fini, j'ai ligaturé le sachet de pipi et lui ai demandé de le tenir quelques secondes le temps que je range le pot dans le sac. Le petit monstre l'a pris et l'a tranquillement déposé sur le carrousel à bagages, avant de le regarder s'éloigner, émerveillé.

Quand je lui ai demandé où il était, il a calmement pointé le tapis du doigt sans se départir de son sourire charmeur. J'ai dû courir pour récupérer le sachet en m'excusant auprès des autres passagers.

La boutique de souvenirs de notre hôtel était truffée d'articles Disney. Comme Lorcan les voulait tous, nous lui avons offert un crayon géant pour l'occuper. En sortant de la boutique, il s'est mis à danser et à chanter à tue-tête :

— Voici mon grand crayon géant !

Il pensait que nous étions seuls et ne s'était pas rendu compte qu'une vingtaine de personnes étaient en train de le regarder en riant de bon cœur !

Quiconque est déjà allé à Disneyland sait que les personnages (Mickey, Minnie, Pluto, Dingo et compagnie) ne se contentent pas de se balader dans le parc. Il n'est pas rare de les rencontrer aussi à l'intérieur et autour des hôtels. Les gamins s'agglutinent pour se faire photographier avec eux, et Luke ne ratait pas une occasion.

Mais Lorcan, lui, refusait de s'en approcher. Ce n'était pas qu'il eût peur d'eux, mais il refusait simplement de s'approcher pour la photo. Il les laissait volontiers venir vers lui quand nous étions à table, mais, s'ils étaient debout et lui faisaient signe de s'approcher, il ne bougeait pas. Après tout, on répétait aux enfants qu'il ne fallait pas parler aux inconnus ; alors, sa réaction ne nous semblait pas si étrange.

En mai 2006, nous sommes partis en Irlande chez la famille de David, à l'occasion du mariage de sa tante Caela. Les parents de Dave et sa sœur Stephanie étaient venus nous rendre visite peu après la naissance de Lorcan, mais le reste de sa famille ne l'avait jamais vu. Lorcan n'avait qu'un an et demi à l'époque.

Quand nous sommes entrés dans l'église pour la cérémonie, on nous a placés au second rang, mais Lorcan était d'humeur très facétieuse.

Il n'arrêtait pas de courir jusqu'à l'autel et d'essayer d'y grimper, et nous devions sans cesse nous lever pour le ramener et le rasseoir entre nous, où il gigotait de nouveau pour se libérer.

La cérémonie était magnifique. On avait demandé de chanter à une amie de la mariée, qui avait vraiment une très belle voix.

Mais la pauvre avait à peine atteint le refrain de sa performance mélodique que Lorcan s'est lancé dans une interprétation personnelle très haut perchée de l'hymne nuptial. Tous les invités se sont mis à rire tout bas derrière leurs fiches de chants tandis que Lorcan prenait le rythme et poussait le volume, mais Dave et moi étions morts de honte.

Dave a finalement dû l'emmener dehors, et Luke leur a emboîté le pas. Seulement, les deux chenapans étaient désormais d'humeur à faire des bêtises. Un malaise a surgi quand des gens sont entrés dans le cimetière pour fleurir une tombe et qu'ils ont trouvé Luke et Lorcan en train de danser littéralement sur certaines sépultures. Il va sans dire que nous avons illico battu en retraite jusqu'à l'hôtel. Le lendemain matin, Dave descendait prendre le petit-déjeuner avec Lorcan, quand notre fils a aperçu une carte Ne pas déranger accrochée à une poignée de porte.

Il a demandé ce que c'était, et Dave lui a expliqué que ces gens ne voulaient pas qu'on les dérange, sans doute parce qu'ils dormaient encore.

Lorcan a regardé Dave en souriant et a frappé à la porte avant de détaler dans le couloir, talonné par son papa, rouge de confusion.

Au retour, sur le ferry, Lorcan s'est mis à hurler. Apparemment, il n'appréciait pas le bruit des moteurs, et rien n'arrivait à le faire taire. Il criait de plus en plus fort, commençait à agacer les gens, et nous étions évidemment embêtés de ne pas réussir à le calmer. En désespoir de cause, j'ai foncé à la boutique de souvenirs lui acheter quelque chose pour l'occuper. Mon regard est tombé sur un petit singe en peluche, et je me suis dépêchée de l'acheter en entendant Lorcan crier au loin. Dès que je lui ai tendu l'animal, il s'est tu, et tout le monde a poussé un ouf de soulagement !

Lorcan adore les singes. Il en a une quantité dans sa chambre, qu'il dispose souvent autour de son lit avant de se coucher.

— Ils sont là pour me protéger, explique-t-il.

— De quoi, Lorcan ? lui ai-je demandé un jour, mais il n'a pas su me dire.

***

Nous avons toujours eu des animaux dans la famille, et, quand les petits sont nés, nous avions une chatte prénommée « Flo ». Elle n'était toutefois plus toute jeune et n'était pas très active.

Les enfants l'aimaient beaucoup, mais elle ne les intéressait pas outre mesure. Elle avait dans les huit ou neuf ans quand Lorcan est né et avait l'habitude de vivre dans une maison assez calme avec David, Adam et moi ; aussi, dès que les deux derniers ont eu l'âge de s'amuser et qu'ils ont commencé à courir dans la maison en hurlant, elle a passé la plupart du temps à l'étage !

Quand Lorcan a eu trois ans, nous avons décidé de prendre un chien, surtout pour Adam. Il avait finalement été diagnostiqué Asperger et traversait une période difficile, à tous points de vue.

Nous avions entendu et lu beaucoup de choses au sujet des animaux, et en particulier des chiens (comment ils peuvent aider les personnes atteintes de cette affection). Alors, j'ai commencé à chercher.

Je n'avais encore jamais eu de chiens auparavant et j'ignorais tout sur leur compte. Je m'étais intéressée à plusieurs races, mais je revenais sans cesse aux terriers du Tibet sans toutefois être sûre à 100 %.

Et puis, coup de chance, un jour que nous marchions dans un parc, nous avons croisé une magnifique petite chienne, blanche tachetée de marron. J'ai demandé à sa maîtresse quelle était sa race. Elle m'a répondu qu'il s'agissait d'un terrier du Tibet.

J'étais conquise.

Nous nous sommes mis à chercher, et j'ai remué ciel et terre pour trouver une femelle (principalement parce que nous avions déjà choisi son prénom : Lily, comme la mère d'Harry Potter dans les romans !). Je la voulais également blanche. Il en existe au pelage noir ou sable, mais je préférais les blanches.

J'ai passé des heures sur Internet, puis au téléphone, mais, chaque fois, on me proposait des chiens mâles ou noirs. La seule femelle blanche disponible se trouvait à 300 kilomètres, à Dagenham. Nous n'avons fait ni une ni deux et nous sommes partis la chercher. Il nous a fallu quatre heures, mais nous n'avons pas été déçus : arrivés là-bas, nous avons trouvé la plus jolie des petites chiennes. Ç'a été le coup de foudre et nous l'avons aussitôt ramenée à la maison.

Les garçons se sont tout de suite pris d'affection pour Lily, et il faut dire qu'elle était vraiment mignonne. Lorcan l'adorait, mais il s'est d'emblée montré brutal quand il jouait.

Par chance, c'est une chienne infiniment tolérante. Il l'attrapait par le cou et la traînait derrière lui, s'amusait avec ses jouets ou la pourchassait à travers la maison. Il ne lui a jamais fait de mal, mais il lui a toujours mené la vie dure.

Lily étant pourvue d'un sous-poil, un toilettage régulier est impératif afin d'éviter les nœuds. Tous les deux mois, nous l'emmenons donc dans un salon pour chiens en ville, où une charmante dame prénommée Gill s'occupe d'elle. Chaque fois qu'elle va se faire faire une beauté, Lily rechigne toujours un peu à passer la porte, mais je crois que c'est davantage à l'idée que je vais la laisser seule plutôt qu'à celle de prendre un bain. Mais, comme c'est une chienne de compagnie et qu'elle se salit vite, elle a vraiment besoin d'un toilettage régulier. La séance coûte assez cher, en fonction de l'état de son pelage, mais ça vaut le coup. Il m'arrive de lui donner un bain moi-même à la maison si elle se salit, mais elle n'en sort jamais aussi belle qu'après une visite chez Gill.

Un jour, quand Lorcan avait cinq ans, je venais de ramener Lily du toilettage. Elle était magnifique, toute blanche et toute propre.

En fait, elle était si blanche que Lorcan a dû la prendre pour une toile vierge, car, deux minutes plus tard, il avait dessiné trois jolies rayures mauves sur son flanc avec ses feutres, et Lily, en chienne docile, était restée assise sans bouger. Je ne l'avais pas vu faire, mais j'avais une idée assez précise du coupable.

Quand je l'ai interrogé, Lorcan s'est contenté de glousser avec malice. La mésaventure nous a valu quelques remarques et des regards étonnés lorsque je suis sortie promener Lily, mais ceux qui connaissent notre famille n'ont pas eu besoin de demander qui était derrière cela. Heureusement, la couleur est partie au bout de quelques jours.

***

Quand ils étaient petits, les enfants ont reçu toutes les vaccinations recommandées, et ce, malgré la panique qui a sévi au Royaume-Uni autour du ROR, un vaccin combinant rougeole, oreillons et rubéole. Ces craintes puisaient leur origine dans un article publié en février 1998 dans la revue médicale *The Lancet* et qui laissait entendre que le ROR pouvait causer l'autisme. L'étude appuyant cette rumeur a depuis été discréditée.

Après avoir épluché les travaux et pesé le pour et le contre, nous avions pour notre part estimé qu'il était préférable de faire vacciner nos enfants plutôt que de les exposer à ces maladies.

De toute manière, Adam comme Lorcan présentaient déjà des signes d'Asperger lorsqu'ils étaient nourrissons, avant les injections. Quels que soient les problèmes de mon fils, je suis donc convaincue qu'ils étaient là à l'origine.

Le livre préféré de Lorcan lorsqu'il était petit était *Kisses Are Yuk*[1] *!*, un livre pour enfants de Julia Jarman, très drôle, racontant l'histoire de Jack, un petit garçon qui déteste les câlins et les bisous. Rien d'étonnant à ce que Lorcan s'y soit identifié : depuis son plus jeune âge, il a toujours eu horreur qu'on le touche ou qu'on le câline. Lorsque je demandais à Luke si je pouvais avoir un câlin, il me répondait :

— Évidemment.

On ne s'en fait plus trop aujourd'hui parce qu'il est un peu plus grand, mais il m'en ferait encore un si je le lui demandais.

---

1. « Les bisous, c'est beurk ! »

Avec Lorcan, il n'y a jamais eu moyen. À l'occasion, s'il était triste, que Luke avait été méchant avec lui ou qu'il s'était fait mal, j'arrivais à le prendre dans mes bras et il y restait un moment, mais il n'aimait pas ça et il n'aime toujours pas.

Encore aujourd'hui, j'arrive à lui voler un bisou pendant son sommeil, mais je n'essaierais jamais lorsqu'il est réveillé, car je sais qu'il se fâcherait. Je n'irais pas le prendre dans mes bras ni l'embrasser durant la journée, même pour jouer, car je sais que ça le perturberait, bien au-delà de la réaction habituelle d'un enfant qui lance en plaisantant à sa mère : « Mais arrête, maman ! »

Lorcan déteste en particulier qu'on lui touche le cou, et sa peau, à cet endroit, semble être extrêmement sensible. Déjà petit, il se lavait toujours le cou lui-même, et j'évitais de le lui sécher, autrement, il piquait une crise.

Comme Lorcan a toujours eu du mal, même bébé, à dormir, nous avions pris une habitude quand Luke avait commencé à fréquenter l'école et à apprendre à lire : Dave donnait leur bain aux garçons, puis je lisais avec Luke pendant qu'il couchait Lorcan. Comme Lorcan ne s'endormait pas s'il n'y avait pas quelqu'un avec lui dans la pièce, Dave restait jusqu'à ce qu'il s'endorme. Il se contentait de s'asseoir ou de s'allonger à côté de lui. Quelquefois, Lorcan tenait David par le cou pour s'assurer qu'il ne parte pas et s'endormait ainsi. Par la force des choses, Dave a donc eu droit à plus d'étreintes que moi. On ne laissait jamais Lorcan pleurer dans son lit. Certains enfants sont bel et bien terrifiés la nuit, et je crois qu'il est très traumatisant de les laisser pleurer. On ne sait pas de quoi Lorcan avait peur, et il n'a jamais pu nous le dire.

En tout cas, sa grand-mère a eu une sacrée surprise un soir que nous étions sortis fêter Noël. Ne connaissant pas sa routine du coucher, elle l'a bordé et lui a souhaité bonne nuit. Alors qu'elle se retournait pour s'en aller, il a soulevé la couette et tapoté le matelas d'un air invitant, avec un petit sourire.

Elle a vite compris qu'il avait l'habitude que l'un de nous reste à côté de lui et s'est donc allongée là jusqu'à ce qu'il s'endorme. Une fois Lorcan dans les bras de Morphée, ma pauvre maman s'est rendu compte qu'elle ne pouvait plus se redresser. Elle a finalement dû rouler hors du lit jusque par terre pour réussir à se relever.

Certes, ce n'est pas la même chose que des câlins et des bisous, mais de tels moments d'intimité prennent davantage d'importance quand votre enfant a du mal avec le contact physique.

À cet égard, le fait d'avoir déjà été confrontée une première fois à ce type de comportement a quelque part été une chance. C'est loin d'être le cas de tous, mais beaucoup d'enfants autistes partagent cette réticence au contact physique et aux câlins : Adam non plus n'avait jamais vraiment aimé être enlacé.

Lorcan rejetait toute démonstration d'affection. Quand je lui disais « Je t'aime », il n'exprimait aucune réaction, rien du tout. Mais, comme j'avais déjà vécu cela auparavant, son attitude me causait moins de peine qu'elle n'aurait dû. Si je n'étais pas déjà passée par là, j'aurais certainement pensé : *Il ne m'aime pas. Pourquoi ne m'aime-t-il pas ?* C'est une réaction naturelle. Je suis sûre que beaucoup de mamans se demandent ce qu'elles ont fait et craignent de ne pas avoir réussi à tisser correctement le lien avec leur bébé. Si je ne savais pas que Lorcan m'aime au fond de lui, je serais probablement effondrée. On pourrait le croire froid et indifférent, mais je sais que ce n'est pas vrai.

Dave a bien pris la chose, lui aussi. Il est très doux et très patient. Il est du genre à lui dire : « Lorcan, viens voir le dessin dans le journal », et Lorcan viendra s'asseoir près de nous.

Ou, si nous sommes en train de lire, il se laisse tomber entre nous sur le canapé. Il n'est pas câlin, et, même petit, il n'était pas du genre à monter sur nos genoux, mais il s'assied avec nous, et ce simple geste nous procure un doux sentiment d'intimité.

Il y a évidemment eu des moments où j'aurais adoré qu'il vienne me faire un câlin ou qu'il me dise qu'il m'aime. Oui, j'adorerais. Mais il ne le fera jamais et c'est comme ça.

3

Le stress de la maternelle

Quatre mois après son troisième anniversaire, en janvier 2008, Lorcan est entré en section de maternelle à Woodhouse Primary, la même que Luke avait fréquentée. Ayant eu l'habitude de m'accompagner pour déposer et récupérer Luke, Lorcan connaissait très bien l'école, les enseignantes et les autres enfants. Dès son plus jeune âge, je le sortais de son landau et le laissais jouer par terre (ou les institutrices le prenaient dans leurs bras) pour le préparer à l'univers de la maternelle et qu'il s'y sente moins dépaysé le jour où il y entrerait.

Lorcan étant turbulent et expansif à la maison, j'imaginais qu'il s'intégrerait mieux que Luke, qui était un enfant plus calme. Mais j'avais tout faux.

J'ai commencé par y aller très doucement. Je l'ai amené une première fois en restant avec lui, et il n'a rien dit : il restait assis sans pleurer, le sourire aux lèvres.

Mais, dès que j'essayais de m'absenter, même un court moment, il protestait bruyamment et hurlait à pleins poumons.

Pensant que sa réaction était tout à fait normale et croyant qu'il se calmerait après mon départ, je me suis résignée à partir en l'abandonnant là. Les premières semaines, puisqu'il ne restait que des demi-journées, je me disais qu'il finirait par s'y faire.

Mais, au bout de quelques jours, Mme Gayner, l'assistante d'éducation, m'a prise à part.

— Il refuse de retirer son anorak et son bonnet, m'a-t-elle expliqué. Il n'ôte même pas ses moufles de toute la demi-journée.

Nous avons très vite compris que c'était sa manière de protester contre le fait que je le laisse, et j'étais bien évidemment ennuyée, car mes deux autres fils n'avaient pas réagi ainsi. Luke avait été un brin nerveux, il m'avait serré la main en entrant, mais il n'avait pas tardé à la lâcher pour aller jouer.

Or, lorsqu'un enfant hurle chaque fois que vous le déposez, aussi déchirant que cela puisse être, que pouvez-vous y faire ? J'étais bouleversée et très inquiète, car je devais véritablement prendre sur moi pour le laisser là jour après jour, mais je connaissais bien l'équipe de la maternelle. Je faisais confiance aux institutrices.

Elles sont formidables et je savais qu'elles m'avertiraient en cas de problème. Et puis le retirer de l'école aurait été une erreur. Bon gré mal gré, il faut bien en passer par là.

À cet âge-là, l'enfant doit être mis à la maternelle, car l'autre option est de l'envoyer à l'école un an et demi plus tard[1] après l'avoir gardé en permanence à la maison. Le choc est alors encore plus brutal.

La maternelle est un bon moyen de s'habituer à sortir chaque matin et à fréquenter d'autres enfants, à apprendre à interagir en société et à se comporter dans un environnement éducatif.

— Que peut-on faire ? ai-je demandé à Mme Fannon, son institutrice.

Je n'avais pas la moindre idée de la façon de gérer la situation, mais j'espérais qu'en tant qu'enseignante de maternelle, elle aurait des solutions. J'ai été bien avisée de lui faire confiance ; elle et l'équipe de la maternelle ont été au top.

Elles ont imaginé une tactique : je devais rester un moment avec Lorcan et ensuite partir pendant vingt minutes, puis chaque jour un peu plus longtemps et ainsi de suite. Il a fallu quelques semaines, mais, au bout du compte, la méthode a fonctionné et il a fini par rester des journées complètes.

Finalement, comme il était l'un des plus âgés de sa section, Lorcan a passé 18 mois en maternelle avant d'entrer en classe de réception[2].

Il a donc bénéficié de plus de temps pour supporter le « traumatisme » de la maternelle avant de changer de classe.

---

1. L'école en Angleterre est obligatoire dès l'âge de cinq ans.
2. Classe charnière entre la maternelle et le primaire dans le système anglais. Elle accueille les enfants de quatre à cinq ans.

La phase d'adaptation a duré plusieurs semaines, ce qui ne m'a pas posé de problème parce qu'à l'époque, je ne travaillais plus. Mais, si j'avais été une maman forcée de reprendre le travail et que j'aie dû caler mes horaires sur le planning de la maternelle, ç'aurait été un cauchemar.

Une fois le problème résolu, Lorcan est allé à l'école sans rechigner ; il était même impatient de s'amuser avec les autres enfants. Il adorait l'école. Depuis ce jour, il n'a plus jamais refusé de s'y rendre.

Quelques mois plus tard, j'étais allée le chercher comme d'habitude quand Mme Fannon a demandé à me parler en privé. Elle m'a fait asseoir et m'a dit comme ça :

— Nous sommes vraiment inquiètes, car Lorcan ne parle pas.

Mince alors ! Cela ne ressemblait pas du tout à mon petit moulin à paroles turbulent. Elle a également évoqué le petit sourire figé qu'il affichait chaque fois qu'il était angoissé. Je savais donc qu'elle l'avait observé avec attention.

— Au début, il sortait un mot de temps en temps quand on lui posait une question, a-t-elle continué. Puis il a parlé de moins en moins, jusqu'à se taire complètement. Aujourd'hui, on n'arrive plus à lui faire prononcer le moindre mot.

Lorsqu'elle eut expliqué cela, j'ai aussitôt demandé :

— Croyez-vous qu'il puisse s'agir de mutisme sélectif ?

J'ignore totalement d'où le terme m'était venu, mais j'avais dû lire quelque chose à ce sujet et le mémoriser sans m'en rendre compte.

Jamais avant cela je n'avais imaginé qu'il puisse y avoir un vrai problème. Je pensais uniquement qu'il n'aimait pas que je le laisse.

Mme Fannon a paru soulagée par ma réaction. L'équipe enseignante s'était documentée sur cette affection avant d'aborder le sujet avec moi et avait même imprimé une brochure à mon intention. Je pense en fait qu'elle appréhendait ma réaction.

Elle craignait peut-être que je monte sur mes grands chevaux ou que je me voile la face devant le problème. Les enseignantes de maternelle sont probablement confrontées à tout un tas de réactions de la part des parents quand elles soulèvent un problème. Pour ma part, j'aborde généralement tout souci, quel qu'il soit, avec pragmatisme. J'ai donc gardé mon calme et je me suis dit : *Bon. On a un problème. Eh bien, réglons-le.*

Le fait que les enseignantes et moi nous accordions sur la nature du problème a énormément facilité les choses. Dès lors que nous savions qu'il s'agissait de mutisme sélectif, nous pouvions passer à l'étape suivante.

***

Aussitôt rentrée de la maternelle, j'ai retroussé mes manches et je suis passée à l'action. Tout cela étant nouveau pour moi, je me suis mise devant l'ordinateur et suis partie en quête d'informations. Je suis tombée sur le site de la SMIRA (l'Association britannique de recherche et d'information sur le mutisme sélectif), qui s'est avéré très instructif.

Il propose un forum où l'on peut lire des témoignages et échanger des conseils. En plus d'être une formidable source d'information, cela permet de se sentir moins seul et de savoir que d'autres sont passés par là.

Pour ceux qui ignorent ce qu'est le mutisme sélectif (ce qui est le cas de la plupart des gens), il s'agit d'un trouble anxieux. Les personnes qui en sont atteintes parlent tout à fait normalement dans certaines situations, mais s'avèrent complètement muettes dans d'autres.

Selon la SMIRA, ce trouble affecterait 6 enfants sur 1000 (à peu près autant que l'autisme classique). Cependant, comme je m'apprêtais à le découvrir, rares sont les médecins ou pédiatres formés pour traiter ce trouble, si tant est qu'ils en aient entendu parler.

Comme je ne voulais pas déranger Dave à son travail, j'ai attendu qu'il revienne pour lui rapporter ce que m'avait dit Mme Fannon.

Comme il est médecin généraliste, j'ai voulu savoir s'il avait reçu une formation dans ce domaine ou s'il connaissait ce trouble : il n'en avait jamais entendu parler, ce qui est sans doute le cas de la plupart des généralistes. Et pourtant, quand on est confronté à un tel problème, la première personne à qui l'on s'adresse est son généraliste. À moins d'en avoir un cas dans leur entourage, les médecins ignorent tout de ce trouble et, par conséquent, ils sont bien en peine de le diagnostiquer.

Certains parents se seraient entendu dire : « Ça leur passera. » Mais, la plupart du temps, il n'en est rien. Le problème peut même s'aggraver au fil du temps si on ne s'y attaque pas assez tôt. Certains adultes atteints de mutisme sélectif sont incapables de parler dans certaines circonstances, et cela constitue bien évidemment un réel handicap dans leur vie.

L'équipe enseignante m'a conseillé de m'adresser dans un premier temps aux services d'orthophonie du secteur. L'école formulerait une demande de rendez-vous de son côté, mais nous devions également en formuler une en tant que parents.

Je l'ai fait et, quelques semaines plus tard, j'ai reçu un courrier m'informant qu'un rendez-vous nous serait accordé dans un délai de 18 semaines à compter de la date de notre demande.

L'attente était bien trop longue, d'autant que Lorcan s'apprêtait à entrer en classe de réception (alors qu'il avait déjà des difficultés en maternelle). J'étais furieuse : toutes les études que j'avais lues expliquaient qu'il fallait à tout prix intervenir précocement ; alors, je ne voulais pas traîner.

Bien décidée à accélérer les choses, j'ai appelé le centre d'orthophonie et leur ai demandé si nous pouvions nous adresser au privé. J'étais prête à cracher

400 livres[1] pour une consultation, simplement pour rencontrer un interlocuteur et obtenir de l'aide.

La secrétaire a couvert le combiné et chuchoté à quelqu'un :

— Il y a une dame qui demande si elle peut s'adresser au privé... Non ?

Elle m'a alors répondu que je ne pouvais pas.

— Mon enfant n'arrive pas à parler ! ai-je rétorqué. Il ne peut même pas dire s'il a mal quelque part quand il est à l'école. Ou s'il a besoin de faire pipi. Il est incapable de prévenir quelqu'un si on le tape ou qu'on l'embête. Vous ne trouvez pas ça urgent ?

Je bouillais, et c'était principalement dû à la frustration : que Lorcan ait un problème, d'accord, mais, dans ce cas, il fallait s'en occuper.

On nous a heureusement donné un rendez-vous peu de temps après et, quelques semaines plus tard, nous avons enfin pu voir une orthophoniste... qui nous a avoué n'avoir jamais été confrontée à ce type de trouble. C'était un inconvénient de taille. Elle connaissait la théorie et était très sympathique au demeurant, mais elle n'avait aucune expérience en la matière. L'école devait donc se débrouiller seule.

Comme tous ceux qui rencontrent Lorcan pour la première fois, l'orthophoniste avait essayé de lui parler. Ces premières entrevues avec les médecins peuvent être intimidantes. On a souvent l'impression qu'on nous juge en tant que parent ; on entend

---

1. Environ 450 euros. Le NHS (sécurité sociale britannique) ne rembourse pas les consultations auprès de médecins privés non agréés par ses services.

presque leurs pensées : « *Comment vous comportez-vous à la maison ? Êtes-vous une mère angoissée ? Vous montrez-vous étouffante ? Distante ?* » On a parfois le sentiment qu'ils veulent nous piéger.

Par la suite, à chaque nouveau rendez-vous, un autre spécialiste tentait de parler à Lorcan. Je lui disais : « Vas-y, chéri, parle », mais il ne répondait pas. Il arrivait qu'il leur sourie, selon qu'il les appréciait ou pas, mais il ne sortait pas un mot.

L'orthophoniste avait effectué des évaluations non verbales en lui demandant par exemple de pointer du doigt les réponses à ses questions, et Lorcan avait très bien réussi ces épreuves.

Seulement, là encore, cela ne servait pas à grand-chose, car les médecins en concluent généralement que l'enfant est intelligent et qu'il parlera quand il sera prêt.

C'est souvent ce qui se produit chez les enfants atteints de mutisme sélectif, car ils ont tendance à bien suivre scolairement parlant. Si un enfant dit « timide » s'assied au fond de la classe, qu'il fait son travail et qu'il ne cause pas le moindre trouble, que voulez-vous dire ? Le plus souvent, rien. Il est bien plus simple de faire comme si tout allait bien.

C'était le premier problème. Le second était que certaines personnes semblaient croire qu'il était simplement buté. C'est compréhensible. Moi-même, au début, il m'est arrivé de le penser, de me demander s'il ne le faisait pas exprès. Mais on ne peut pas s'obstiner à rester silencieux, jour après jour, dès lors qu'on est à l'école toute la journée. C'était impossible, aussi têtu soit-il.

Toujours est-il que l'orthophoniste, même si elle n'a pas posé officiellement de diagnostic après ses premières évaluations, a elle aussi admis que Lorcan souffrait de mutisme sélectif.

À l'époque, je commençais déjà à suspecter qu'il pouvait également être autiste. J'ai soulevé ce point avec elle.

— J'ai un fils plus âgé qui est autiste, ai-je expliqué, et je crois que Lorcan l'est peut-être aussi.

Elle a procédé à quelques tests supplémentaires et m'a répondu qu'elle n'en voyait aucun signe.

— Vraiment ? ai-je répliqué. Eh bien, moi j'en vois.

Une mère sent ces choses.

Quoi qu'il en soit, l'orthophoniste a transmis à la maternelle un programme intitulé « Briser les barrières » et destiné à aider Lorcan. Le problème était qu'elle-même le découvrait pour la première fois et qu'elle ignorait totalement comment l'appliquer. Elle s'est littéralement contentée de lire aux institutrices la brochure qu'elle avait imprimée, sans discuter du problème avec elles ni pouvoir répondre à leurs questions, tout simplement parce qu'elle n'y avait jamais été confrontée en pratique.

Avant qu'on nous communique ce programme, elles et moi avions commis toutes les erreurs à ne pas faire pour le pousser à parler : lui promettre des jouets ou des bonbons s'il disait quelque chose, lui demander pourquoi il ne parlait pas et si quelque chose n'allait pas. Mais, dès lors que nous avons compris qu'il n'avait aucun contrôle sur son mutisme, qu'il était physiquement incapable de parler, nous avons évidemment cessé. À quoi bon ?

Nous perdions notre temps à lui demander ce qui l'empêchait de parler à l'école, car il n'en avait pas la moindre idée. Un jour que je lui avais posé la question, il s'était contenté de montrer sa gorge, ce qui semblait confirmer la théorie selon laquelle les causes du mutisme sélectif sont tout autant physiques que psychiques, et qu'un enfant atteint de ce trouble est, dans certaines situations, dans l'incapacité physique pure et simple de parler.

Par ailleurs, comme il s'agit d'un trouble anxieux, presser l'enfant de questions peut s'avérer extrêmement contre-productif, car cela peut augmenter son stress et, par là même, son anxiété.

***

L'équipe d'enseignantes de la maternelle a vraiment été formidable. Elle a établi un PEI[1] afin de fixer les actions à mener et de lister les bons gestes à adopter : ne pas le pousser à parler, ne pas recourir au chantage, essayer de l'encourager à participer et à rire. L'objectif du programme a essentiellement pour objectif de décharger l'enfant de toute pression, afin

---

1. Plan éducatif individualisé : plan élaboré pour les enfants ayant des difficultés d'apprentissage et détaillant leurs besoins spécifiques.

qu'il comprenne qu'il n'est pas forcé de parler s'il ne le désire pas. Après quoi, les enseignantes ont mis en place une méthode très intensive basée avant tout sur le jeu.

Pour résumer, l'adulte travaille en tête-à-tête avec l'enfant et l'encourage à tisser un début de relation tout en s'amusant. Puis ils se servent d'instruments de musique, juste pour produire un bruit.

Ils soufflent dans une flûte à bec ou jouent du tambour ; ils imitent des cris d'animaux, et ainsi de suite. Cela semble à la portée du premier venu, mais ce n'est pas si simple en réalité, et la tâche fut difficile pour les enseignantes, car, passé l'entrevue initiale, elles n'ont reçu aucun soutien de la part des services d'orthophonie.

La maternelle ne comptait que deux personnes : l'institutrice, Mme Fannon, et Mme Gayner, l'assistante d'éducation, que Lorcan suivait partout comme son ombre. La maternelle étant proche de la maison, je passais souvent devant avec la chienne quand les enfants s'amusaient dehors.

Quand je lorgnais par-dessus la grille pour voir ce que les enfants faisaient, je n'avais pas besoin de chercher Lorcan : il était constamment accroché à la main de Mme Gayner.

Mme Fannon, l'institutrice, devait s'occuper de toute la classe, mais, souvent, pendant que les autres enfants étaient dans la cour, Mme Gayner s'asseyait à l'intérieur avec Lorcan et sortait les instruments de musique ou jouait avec lui. Trois fois par semaine, elle travaillait en tête-à-tête avec lui. Au bout de quelque temps, elle a invité un de ses camarades à s'asseoir, un deuxième afin d'encourager Lorcan à parler à d'autres enfants, puis, finalement, à un autre adulte, en l'occurrence Mme Fannon. Ça peut paraître bizarre, et c'est un processus de longue haleine, mais, au final, ça a fonctionné.

Un des accessoires dont on disposait à la maternelle était un livre parlant, qui permettait d'enregistrer des séquences audio de dix secondes.

Alors, Lorcan faisait des dessins à la maison, puis il décrivait ce qu'il avait dessiné, et j'enregistrais ses commentaires sur le livre pour qu'il l'emporte à l'école et le fasse écouter à Mme Gayner.

Cela ne lui posait pas de problème et, dans les débuts, cet outil s'est révélé bien pratique pour faire écouter la voix de Lorcan à l'assistante. Souvent, quand nous étions en famille, je me disais : *Si seulement les gens pouvaient voir comme il est bavard et turbulent à la maison...* Mais seuls ma mère et nous quatre connaissions le véritable Lorcan.

À Noël, tous les enfants devaient participer au spectacle de la Nativité à la maternelle, et Lorcan campait l'un des Rois mages. L'école fournissant le costume, je n'avais pas à bricoler de tunique et de coiffe.

Vu l'âge des enfants, il s'agissait d'une petite pièce sans prétention, un spectacle gentillet pour les parents et les grands-parents. J'avais d'abord craint qu'on lui confie des répliques, ou bien qu'il soit le seul à ne pas parler, mais, en fait, très peu d'enfants avaient eu une phrase à prononcer et, parmi eux, beaucoup, sans trop de surprise, s'étaient emmêlé les pinceaux.

Lorcan était évidemment de ceux qui n'avaient aucune réplique. Néanmoins, il s'est bien débrouillé et a rempli son rôle à la perfection, déposant son précieux cadeau près du berceau. Il semblait ravi et s'était visiblement bien amusé.

Quand il avait trois ans, Lorcan adorait *High School Musical*. Il regardait sans arrêt les films et reproduisait les pas de danse, à condition que personne ne l'observe.

Il connaissait également par cœur les paroles des chansons de Troy, le personnage interprété par Zac Efron. Il les chantait en boucle à tue-tête. En revanche, il était beaucoup moins fan des héroïnes !

Comme nous tenions absolument à ce que ses enseignantes le voient tel qu'il était à la maison, nous sommes allés jusqu'à le filmer sur un DVD en train de chanter, juste pour leur prouver qu'il pouvait parler et chanter. Lorcan a accepté de montrer la vidéo à sa classe et, même s'il n'aurait jamais parlé ni chanté ainsi devant eux, il souriait fièrement durant la diffusion.

La méthode appliquée à la maternelle fonctionnait très bien. Lorcan a commencé par donner de courtes réponses par-ci par-là ; ses progrès étaient lents, mais réguliers au fil de l'année.

Il suivait ce programme depuis quelques mois quand Mme Fannon a annoncé qu'elle était enceinte.

Le coup a été rude, car elle nous avait énormément soutenus, et j'angoissais en me demandant qui la remplacerait durant son congé et quel impact ce changement aurait sur Lorcan. J'en ai discuté avec l'une des responsables de l'école chargée de faire passer les entretiens. Je suis même allée jusqu'à accoster une ex-enseignante de l'école à la piscine pour la persuader de prendre le poste !

Quand j'ai appris que la remplaçante de Mme Fannon serait un remplaçant, je ne savais trop quoi en attendre. Mais, sitôt que le nouvel instituteur a pris ses fonctions, mes craintes se sont vite envolées. M. Mottershead s'est révélé plus que formidable.

Il s'en sortait à merveille avec Lorcan et tous les autres enfants. Il était sévère avec les plus durs et ne tolérait pas les pitreries, mais, dans le même temps, il était rigolo. Il appelait les petits « mon pote » et s'agenouillait par terre pour jouer avec eux. À lui, Lorcan arrivait à parler.

Durant le troisième trimestre, le dernier en maternelle avant son passage en classe de réception, Lorcan a fait d'immenses progrès.

Chaque jour, il parlait à M. Mottershead et lui souriait. Nous étions aux anges. Il s'était même fait de vrais amis, et j'étais super contente.

Il y a eu une petite fille qui a été une vraie planche de salut pour Lorcan. Elle s'appelait Ella. C'était la fille d'une collègue de travail, une gamine adorable, pleine d'assurance et très bavarde. Elle s'était prise d'affection pour Lorcan et l'entraînait sans cesse avec elle pour jouer. Être la seule à jacasser ne lui posait visiblement aucun problème. Nous l'avions même ramenée à la maison à une ou deux occasions. Elle constituait véritablement son lien avec le monde extérieur. Elle était adorable.

Au cours des derniers mois de maternelle, Lorcan s'est également forgé un groupe de copains très sympas, avec qui il jouait régulièrement et que sa bizarrerie ne semblait pas déranger.

Et puis il en a trouvé un en particulier, George, qui est devenu son meilleur ami et l'a plus d'une fois aidé depuis. George a compris instinctivement que Lorcan n'arrivait pas à parler dans certaines situations et s'est mis à parler pour lui. Cette amitié allait se prolonger tout au cours du primaire, et elle tient encore aujourd'hui.

Arrivé en fin de maternelle, Lorcan parlait beaucoup plus. Il y avait toujours quantité d'enfants à qui il n'adressait pas la parole, mais il jouait avec eux et il participait aux activités avec l'équipe enseignante. Il parlait de plus en plus normalement, et, même s'il ne discutait pas avec ses camarades, il répondait quand quelqu'un de l'école s'adressait à lui, en particulier M. Mottershead. Au moment de partir, son maître lui disait au revoir, et Lorcan criait au revoir à tue-tête. Il y avait enfin un résultat.

Ironiquement, je me suis alors inquiétée du problème inverse. J'ai pensé : *Et s'il commence à se comporter à l'école comme il se comporte à la maison ?* Car, pour être franche, il peut être assez agité et très chahuteur par moments. Je m'imaginais déjà être convoquée à l'école pour les raisons opposées. Les enseignants avaient même dû lui demander de se calmer parce qu'il criait.

Vers la fin du trimestre, je me suis rendue à une journée portes ouvertes à son école. À ma surprise et pour ma plus grande joie, Lorcan parlait, et pas seulement aux gens qu'il connaissait (et à qui il s'adressait directement). Il criait devant les autres parents. David et moi trouvions ça formidable ! Il parlait vraiment fort, et la plupart des parents, ignorant tout de son problème, n'y prêtaient aucune attention.

Pour eux, ce n'était qu'un gamin normal, peut-être un peu bruyant, mais moi, je débordais de fierté. J'étais si heureuse ce jour-là, si optimiste. Je me suis dit : *Génial ! C'est arrangé.* Lorcan avait fait un immense pas et continuait à progresser. C'était aussi ce que pensaient ses enseignants. Dans un rapport daté de juin, ils affirmaient :

> *Depuis ces deux dernières semaines, Lorcan commence à parler à ses camarades lorsqu'ils jouent, aussi bien en classe que dans la cour.*
> *Il lui arrive de formuler des phrases fluides et naturelles, en particulier quand il ne sait pas qu'un adulte l'observe.*
> *Lorcan a fait d'énormes progrès ce trimestre et gagné en assurance en matière de communication verbale. Son discours s'améliore à présent de semaine en semaine. Il a entière-*

ment atteint ses objectifs ce trimestre (et les a même dépassés), et nous espérons qu'il continuera à progresser d'ici la fin de l'année et lors de son entrée en classe de réception.

Et puis il est passé dans la classe supérieure…

4

Les journées d'école silencieuses

Pendant les vacances d'été, les choses ont été très différentes de ce qu'elles avaient été durant l'année scolaire. À la maison, Lorcan a gardé son esprit facétieux et est resté le même petit moulin à paroles. Un jour d'août, Dave bricolait au rez-de-chaussée quand il a entendu des cris provenant des W-C de l'étage. C'était Luke qui hurlait :

— Papa, papa, à la rescousse ! Lorcan est en train de dérouler tout le rouleau de papier toilette ! Papa ! Papa ! À la rescousse !

Le petit sacripant était en train de dévider le rouleau à toute vitesse, si bien que le papier s'entassait au sol ! À la maison avec nous, le mutisme sélectif de Lorcan se manifeste très rarement, mais il est arrivé qu'il ne nous parle pas. Une nuit, lorsqu'il avait quatre ans, j'ai ouvert les yeux dans mon sommeil et l'ai trouvé au pied de mon lit. Cela n'avait rien d'inhabituel : il lui arrivait fréquemment de se réveiller la

nuit et de venir me trouver lors d'une de ses randonnées nocturnes. Seulement, cette fois, il fronçait les sourcils sans rien dire. Quand je lui ai demandé si ça allait, il n'a pas répondu. Certaine qu'il avait un problème, j'ai commencé à l'interroger :
— Tu as chaud ?
Aucune réponse.
— Tu as soif ?
Aucune réponse.
— Tu as froid ? Peur ? Tu as fait un cauchemar ?
Aucune réaction. Il restait simplement là à froncer les sourcils sans me regarder.
— Est-ce que tu as mal à la tête ? ai-je finalement demandé.

Pour seule réponse, il a très légèrement cligné les paupières. Je lui ai donné du Calpol[1], qu'il a pris sans trop rechigner, l'ai raccompagné dans son lit et c'était fini. Le lendemain matin, il était redevenu lui-même.

Hormis cette fois, il n'a jamais été complètement silencieux avec nous, mais j'ai remarqué qu'il avait tendance à ne plus parler quand il était souffrant.

***

Cet été-là, comme j'avais cumulé quelques Air Miles, nous avons décidé de réserver un séjour. Je n'en avais pas suffisamment pour aller loin, ce qui n'était pas plus mal, car nous ne sommes pas

---

1. Sirop pour enfants à base de paracétamol.

de grands amoureux du soleil et nous préférons les vacances actives.

Nous avons donc opté pour un endroit riche en visites et en activités. Luke et Lorcan s'intéressant tous deux beaucoup à la Seconde Guerre mondiale, nous avons décidé d'aller à Guernesey. L'île avait été occupée par les Allemands durant la guerre et j'étais sûre que les enfants seraient captivés.

Nous sommes descendus dans un charmant hôtel sur la plage et avons bien profité de ces cinq jours. Il y avait des châteaux à voir, des plages où jouer, des musées à visiter. Où que nous allions, les garçons pouvaient lire des écriteaux narrant l'histoire de la Seconde Guerre mondiale.

Un matin, nous prenions notre petit-déjeuner dans le restaurant de l'hôtel, et, comme il était très tôt, nous étions seuls. Lorcan mangeait son croissant en se tamponnant la bouche avec sa serviette, quand il s'est exclamé :

— Je suis aussi snob qu'un petit cochon !

Nous avons tous éclaté de rire ; bien évidemment, il s'est mis à le répéter en boucle. Comme il n'y avait personne d'autre dans le restaurant, il parlait sans problème, mais, dès que la serveuse est apparue, il s'est tu.

Lorcan était vraiment dans son élément sur l'île. Les garçons ont adoré les combats à l'épée le long des remparts des châteaux. Nous avons assiégé les tours à meurtrières réparties sur les côtes et ils ont pu regarder dans des longues-vues. C'était formidable. Sans parler des innombrables musées et de leurs collections d'armes qui intéressaient beaucoup Lorcan.

Un jour, nous sommes allés visiter l'hôpital souterrain allemand, qu'il a fallu trois ans pour construire et qui n'a été utilisé que trois mois pour héberger les soldats allemands blessés lors des batailles du Débarquement. Il s'agit de la plus grande construction de toutes les îles Anglo-Normandes, et ses interminables tunnels de pierre s'étirent sur des kilomètres. J'ai trouvé cela un peu effrayant et il me tardait de remonter, mais Lorcan a adoré.

Il y avait d'énormes mitrailleuses que les enfants pouvaient manipuler et de vieux téléphones avec lesquels jouer. Comme toujours, Lorcan parlait lorsque nous étions seuls, mais il se taisait dès que d'autres touristes approchaient, ou chuchotait s'il voulait nous dire quelque chose.

La météo était parfaite : le soleil était au rendez-vous et il soufflait une brise rafraîchissante. Lorcan a beaucoup aimé s'amuser sur la plage et chercher des petits poissons sur les rochers. Ces vacances ont été merveilleuses, et nous en sommes revenus avec de charmants souvenirs en famille.

Quelque temps plus tard, nous avons emmené les enfants en Irlande rendre visite à la famille de David et assister au mariage de sa sœur Marie Louise. La réception s'est tenue dans un magnifique hôtel près du château d'Ashford, à la limite entre les comtés de County Mayo et Galway, et les garçons se sont régalés à explorer le parc du château. Pendant la cérémonie, comme je craignais que Lorcan fasse le pitre, lui et moi nous sommes assis au fond, à l'écart du reste de la famille. Mais, à mon grand étonnement, il s'est montré plutôt sage : il a juste couru deux ou trois fois le long des bancs, puis s'est assis, le sourire aux lèvres. Hormis un soupir ébahi bien audible quand son papa s'est levé pour faire une lecture, il n'y a rien eu à signaler.

Dave étant issu d'une famille irlandaise assez nombreuse, chaque fois que nous allons là-bas, nous rencontrons toujours une quantité de gens. Tout le temps de notre séjour, Lorcan n'a parlé à personne, mais, là encore, il n'y a rien d'inhabituel à ce qu'un enfant en bas âge soit timide ou silencieux dans ces circonstances. Cependant, contrairement à la fois précédente, nous savions désormais qu'il souffrait de mutisme sélectif et nous avions prévenu la famille de Dave. Ils savaient donc à quoi s'attendre, et tout le monde s'est montré très compréhensif. Nos deux familles nous ont énormément soutenus.

Je leur ai expliqué que, s'ils voulaient poser une question à Lorcan, le mieux était de la formuler de façon à ce qu'il puisse y répondre par un signe de la tête, et ils ont très bien compris.

Luke était également devenu d'une grande aide : il était très protecteur envers son petit frère et répondait souvent à sa place, même si c'était plus une réaction machinale qu'un geste délibéré de sa part.

Ainsi, quand la mère de Dave a demandé à Lorcan ce qu'il prenait avec son thé, Luke a répondu :

— Il aime bien les *beans on toasts*[1].

Plus tard, un de ses oncles a demandé à Lorcan s'il voulait jouer au foot. Lorcan a regardé Luke pour lui fournir sa réponse, puis est sorti en courant, tout heureux. Luke a toujours été adorable avec Lorcan, et il est très tolérant parce que Lorcan est soit en train de le serrer dans ses bras, soit de le rouer de coups. Mais il a toujours veillé sur son petit frère. Il lui donne le bon exemple et Lorcan peut le prendre comme modèle. Luke a beaucoup de patience pour lui enseigner ou lui expliquer certaines choses. Sans lui, je crois que Lorcan aurait eu bien plus de mal, même à l'école.

***

En septembre 2009, après cette belle pause estivale, le moment est arrivé d'entrer en réception. À la fin des vacances, Lorcan et moi sommes allés visiter sa nouvelle classe et rencontrer son institutrice, Mme Mellor. Elle nous a fait faire le tour de la salle et nous avons filmé la visite afin que Lorcan puisse la revoir à la maison et ainsi se familiariser. Mme Mellor lui a demandé ce qui l'intéressait et, naturellement, il n'a pas répondu. J'ai expliqué qu'il se passionnait pour les batailles et l'histoire, et elle a gentiment ménagé un espace pour lui avec des petits soldats. Cela lui a beaucoup plu.

---

1. Haricots blancs à la tomate sur des tranches de pain grillées (en-cas typiquement anglais).

En fait, la section de maternelle de Woodhouse se trouve à l'intérieur même de l'école primaire, de sorte que les petits qui passent en réception se contentent de changer de salle de classe. C'est pourquoi j'avais choisi d'y scolariser mes deux derniers : je pensais que la transition serait moins perturbante s'ils restaient dans le même bâtiment.

En outre, Lorcan connaissait déjà l'équipe enseignante, car les enfants de maternelle assistaient parfois aux assemblées[1]. La situation était donc idéale.

Tandis que les élèves de maternelle les plus âgés passaient en classe de réception, certains enfants y entraient directement en zappant la case maternelle. La dynamique de groupe s'en ressentirait donc très légèrement.

Mais, Lorcan connaissant très bien l'institutrice de réception ainsi que l'assistante d'éducation, nous avions bon espoir que la transition se fasse en douceur.

Les services d'orthophonie nous avaient cependant prévenus que Lorcan pâtirait forcément du changement de situation. Nous nous attendions donc à une légère régression. En octobre 2008, j'avais reçu un courrier de leur part évoquant un risque de régression l'année suivante, lors de son entrée en classe de réception. Malgré cela, à mon grand étonnement, on m'informait également que Lorcan serait retiré de leur liste de patients. Après avoir établi à la va-vite un programme auquel ils n'avaient pas donné suite, ils

---

1. Rassemblement matinal de tous les élèves de l'école, lors duquel le directeur aborde des sujets civiques (ou liés à la vie de l'école) ou distingue certains élèves.

estimaient que Lorcan n'avait plus besoin d'aide alors qu'il s'apprêtait à entrer au primaire dans quelques mois !

Je me revois encore debout dans le vestibule, lisant, incrédule, leur courrier :

> *Lorcan réalise d'excellents progrès dans ses efforts pour parler à autrui et a accompli un bon travail avec son auxiliaire de scolarité au travers du programme « Briser les barrières ». Le risque d'une légère rechute en septembre est présent, mais nous estimons que sa maman et l'équipe éducative sont suffisamment bien équipées pour gérer cette rechute si elle survient.*
> *En conséquence, je retire Lorcan de la liste des patients.*

Ce courrier était le premier d'une longue série dans lesquels une ribambelle de services de santé se lavaient les mains du problème en espérant qu'il se résoudrait de lui-même. Durant l'été, avant la rentrée, j'avais lutté bec et ongles pour qu'il réintègre la liste. L'orthophoniste l'avait de nouveau évalué et avait confirmé sa décision, estimant que son discours s'était amélioré. Avant la fin de l'année, nous allions être évalués à deux reprises et chaque fois déboutés. Les experts se livraient à des tests non verbaux et, décrétant qu'ils ne décelaient aucun signe d'autisme, rejetaient nos demandes.

Le jour de la rentrée, on nous avait fixé une heure précise pour arriver, afin que les enfants ne se présentent pas tous ensemble.

L'équipe enseignante pouvait ainsi accueillir les élèves un à un. Lorcan avait revêtu son tout nouvel uniforme (pull marine, chemise blanche et cravate, pantalon gris). Il était si fier que nous avons pris une photo avant de partir pour l'école : il était à croquer.

Nous sommes arrivés à l'école à l'heure prévue et Lorcan n'a pas fait d'histoires. Il était vraiment content, impatient, et a suivi Mme Mellor, le sourire aux lèvres, après m'avoir fait un signe.

Quelques jours plus tard, Mme Mellor m'a convoquée pour m'expliquer qu'elle l'avait trouvé très morose, en train de jouer avec ses petits soldats dans la classe. Il n'avait pas pu lui dire ce qui le chagrinait, mais l'avait laissée le consoler. Une fois à la maison, j'ai tenté d'aborder le sujet avec lui et il a réussi à me confier qu'il était triste parce qu'il n'avait personne avec qui s'amuser. Ça m'a fait mal au cœur et je me suis vraiment inquiétée, mais c'est un sentiment courant chez les enfants quand ils changent de classe. Bientôt, il a eu une quantité de copains.

Malgré cela, le choc de la rentrée s'est révélé plus dommageable que nous ne l'avions anticipé. Lorcan a de nouveau cessé de parler.

Les premières semaines, nous nous répétions que c'était normal, qu'il se remettrait à parler avec l'habitude. Nous n'étions même pas encore à Noël. *Donnons-lui du temps*, nous disions-nous.

À ce moment-là, George était le seul à qui il parlait, et son ami répondait à sa place. Lorcan ne lui chuchotait pas à l'oreille (vous imaginez bien qu'il en était incapable dès lors que quelqu'un se trouvait avec eux), mais si une personne lui posait une question, George répondait tout bonnement en son nom. Lorcan a eu beaucoup de chance d'avoir une bande de garçons vraiment sympas dans sa classe. Sans eux, il aurait vraiment bataillé.

Pour les enseignantes, le mutisme de Lorcan ne posait pas vraiment problème. Il était poli, faisait studieusement ce qu'on lui demandait.

Il hochait ou secouait la tête quand on lui posait une question, ce qui leur permettait de communiquer un minimum. Bizarrement, il levait même le doigt quand il connaissait la réponse à une question, mais, si l'institutrice l'interrogeait, il n'arrivait pas à la dire. Je crois qu'il voulait juste montrer, à défaut de pouvoir la dire, qu'il connaissait la réponse.

Son mutisme ne l'empêchait pas pour autant de faire le pitre. Lors de sa première fête des moissons[1], tandis que les autres enfants entonnaient sagement des chansons traditionnelles, j'ai vu avec horreur mon petit monstre au premier rang brandir sous les yeux de la nouvelle directrice un poing menaçant vers son grand frère. Comme si ça ne suffisait pas, il a ensuite tiré la langue aux spectateurs, des gens qu'il n'avait jamais vus, en faisant des grimaces.

---

1. Fête organisée en Angleterre, notamment dans les écoles, au début de l'automne.

Ses enseignantes de classe de réception s'efforçaient tant bien que mal de suivre le programme « Briser les barrières », mais elles n'étaient pas formées pour, et on les noyait sous des tonnes de consignes sur papier.

J'ai jeté un œil à ces recommandations : elles étaient si difficiles à appliquer que, pour être honnête, je n'aurais pas voulu être à leur place.

À première vue, il s'agit simplement de jouer à des jeux tout bêtes avec les gamins (comme « Qui est-ce ? »), mais c'est bien plus compliqué que ça : on doit les amener à repousser leurs limites et, s'ils échouent, revenir en arrière. C'est un vrai casse-tête, auquel il faut consacrer beaucoup de temps et d'efforts.

Lorcan bénéficiant d'un PEI, je rencontrais fréquemment l'équipe éducative. Sur avis de Mme Bell, la coordinatrice des besoins éducatifs spéciaux[1] de l'école, Lorcan avait été placé dans le programme « School Action Plus », un dispositif destiné aux enfants nécessitant une aide scolaire personnalisée. Mme Bell connaissait bien notre famille, car elle s'était déjà occupée d'Adam des années auparavant. Son rôle consistait à conseiller les enseignants et à les mettre en relation avec l'orthophoniste. Au lieu du créneau de dix minutes habituel des rencontres parents-enseignants, j'avais donc

---

1. En Angleterre, c'est la personne chargée de coordonner au sein de chaque école le soutien aux élèves ayant un handicap ou des difficultés d'apprentissage (dits « besoins éducatifs spéciaux »).

droit à un entretien plus long après l'école. L'équipe éducative fixait des objectifs à Lorcan en se basant sur le PEI. Ainsi, plutôt que d'ignorer l'institutrice lorsqu'elle faisait l'appel, on l'encouragea à lever le pouce. Un autre des objectifs était de l'amener à intégrer un groupe, à prendre part à une activité. Son institutrice de réception, Mme Mellor, a été super : elle n'a pas ménagé ses efforts. Mais l'école n'a pas reçu le soutien attendu de la part des soi-disant spécialistes.

En décembre 2009, lorsque l'orthophoniste a confirmé sa décision concernant Lorcan, mon mari a contacté le Dr Anthony John, le pédiatre agréé spécialiste de l'autisme dans la région. Il lui a résumé la situation et lui a demandé s'il accepterait de voir Lorcan. Dave étant un collègue médecin, et parce qu'il y avait des antécédents d'autisme dans la famille, nous avons obtenu un rendez-vous rapidement.

Le Dr John s'est montré formidable et vraiment à l'écoute, mais, après que nous eûmes rempli les questionnaires, il nous a dit qu'il ne croyait pas que Lorcan fût autiste, même si on ne pouvait pas exclure le syndrome d'Asperger à ce stade, car il était trop jeune. Aucun diagnostic n'avait été posé, mais j'étais heureuse qu'un professionnel de santé ait tenu compte de mes craintes et de mes remarques. Le Dr John a également demandé à l'orthophoniste de revoir Lorcan.

En février, suite à cela, l'orthophoniste est venue observer Lorcan à l'école, où je l'ai rejointe. Quand je suis arrivée, les enfants étaient en *circle time*[1]. À cette occasion, ils devaient se passer un jouet et dire quelque chose à son sujet quand il arrivait entre leurs mains. L'orthophoniste et moi nous demandions comment Lorcan allait réagir, mais, heureusement, Mme Mellor savait ce qu'elle faisait : beaucoup d'enfants se sont contentés de passer le jouet à leur voisin sans parler ; Lorcan n'était donc pas seul. Le jeu terminé, Mme Mellor a laissé Lorcan me rejoindre, ce qu'il a fait à sa manière habituelle, c'est-à-dire en rampant à travers le hall comme un acteur.

L'orthophoniste m'avait remis un questionnaire, et Lorcan et moi nous sommes assis par terre pour effectuer le test tandis qu'elle l'observait, cachée derrière une armoire ! Le plus drôle, c'est que Lorcan n'était pas dupe : il savait qu'elle était là, et il y avait également l'assistante d'éducation qui s'occupait d'un autre élève à une table un peu plus loin. Les circonstances n'étaient donc pas optimales.

Malgré cela, il a bien réussi le test. Il me chuchotait les réponses à l'oreille en jetant constamment des regards vers l'orthophoniste, l'air de penser : *Que fait cette femme derrière l'armoire ?* C'était un peu bizarre.

Ses résultats au test étant largement supérieurs à la moyenne, l'orthophoniste estima à l'époque qu'il ne présentait aucun signe d'autisme : je n'étais pas d'accord.

---

1. Activité consistant à asseoir les enfants en cercle et à organiser des jeux ou des discussions sur un thème afin d'encourager la libre expression, l'écoute et le respect mutuel.

De par mon expérience avec Adam, j'étais persuadée que le problème de Lorcan allait au-delà d'une simple appréhension à parler. J'avais décelé chez lui certains des signes présents chez Adam. Lorcan était par exemple très détaché vis-à-vis des gens et n'aimait pas les câlins ; il mangeait du bout des lèvres et détestait avoir le visage sale ; il n'exprimait aucune empathie quand quelqu'un se faisait mal. Et tout comme Adam, il trouvait amusantes des choses pas particulièrement drôles. J'étais convaincue d'avoir un second fils dans le spectre de l'autisme.

Le diagnostic d'Asperger tardif d'Adam avait eu un effet désastreux sur sa scolarité, et je ne voulais pas que cela se reproduise avec Lorcan.

Quels qu'aient été ses problèmes, je tenais à être fixée le plus tôt possible, l'intervention précoce s'avérant cruciale pour aider les enfants à gérer leur autisme et à progresser.

***

Un jour, la télé a diffusé une émission sur le mutisme sélectif. Je l'ai enregistrée et regardée pendant qu'il était au lit. Comme c'était un documentaire fouillé, très instructif et facile à comprendre, j'ai décidé d'en montrer des extraits à Lorcan.

Je lui avais déjà expliqué que beaucoup d'enfants avaient des difficultés pour parler à l'école et qu'il n'était pas le seul, mais je sentais qu'il ne me croyait pas totalement. Il voyait tous ses camarades parler et se demandait certainement pourquoi lui ne pouvait pas. Pour un enfant de cinq ans, son environnement immédiat constitue tout son univers. Il n'arrive pas à se figurer que des enfants qu'il ne connaît pas traversent les mêmes épreuves que lui s'il ne les voit pas en chair et en os.

Un après-midi, nous nous sommes assis dans le salon et je lui ai passé l'émission. Il y était question de trois jeunes filles toutes plus âgées que lui et atteintes de mutisme sélectif. Je guettais une réaction de sa part pendant qu'il regardait. Une des enfants avait dix ans et c'était la copie conforme de Lorcan : elle parlait sans problème à la maison, mais restait entièrement muette à l'école. L'expression sur son visage lorsqu'il a enfin réalisé qu'il existait d'autres enfants comme lui m'a réchauffé le cœur. Je ne vois qu'un mot pour la décrire : un immense soulagement. J'étais contente de lui avoir passé l'émission.

Il a suivi avec beaucoup d'intérêt le reportage montrant comment les petites, âgées de huit, dix et quinze ans, étaient incapables de parler dans certaines situations et les progrès qu'elles avaient réalisés tout au long du tournage. Il a fait très peu de commentaires et simplement noté que la fillette de huit ans n'arrivait même pas à parler à son grand-père.

— Je suis pas comme ça, m'a-t-il dit. Moi, j'arrive à parler à mamie, n'est-ce pas ?

Vers la fin de l'année scolaire, Lorcan s'était remis à parler suffisamment bien pour que Mme Mellor l'évalue. Pour le récompenser, elle lui a décerné un billet d'honneur spécial, « pour avoir lu à Mme Mellor », que Lorcan a reçu lors de l'assemblée quotidienne, des mains de la directrice, en même temps que d'autres élèves distingués pour leurs résultats. Je trouve cela super de récompenser les enfants pour leurs progrès individuels plutôt que pour leurs seuls résultats scolaires. J'ai été ravie pour Lorcan.

Mais, comme à son habitude, Lorcan n'avait pas pris la peine de m'annoncer la nouvelle. J'étais tombée sur le billet en cherchant son livre de lecture dans son cartable. Il avait totalement oublié de m'en parler ! Évidemment, j'ai sauté de joie et je l'ai félicité en lui répétant que c'était formidable. Il m'a laissé le prendre en photo et l'a collée dans sa chambre avec de la pâte adhésive. La plupart des gamins se seraient empressés d'annoncer à leur maman que la directrice leur avait remis un billet d'honneur, mais pas Lorcan.

Plus tard, il a reçu le *Wonder badge* de son école, un écusson récompensant la bonne conduite que l'élève porte toute une semaine. Cette fois, il me l'a annoncé le jour même. J'imagine qu'un badge doré produit une plus vive impression sur un petit garçon qu'un banal bout de papier.

***

Lorcan a fêté son cinquième anniversaire au Land of Play, un nouveau parc d'attractions pour enfants, à peine quelques jours après avoir commencé la grande école. Il avait choisi qui il voulait inviter et, curieusement, accepté d'y convier quelques filles, parmi lesquelles Ella. La petite bande s'est bien éclatée, courant partout comme des petits fous, escaladant et dévalant les toboggans en mousse. Lorcan s'est amusé avec ses camarades et a clairement passé un bon moment. Au moment de manger le gâteau, il est resté sagement assis et, heureux comme un roi, a regardé le gâteau *Star Wars* arriver, puis tout le monde a entonné *Joyeux Anniversaire* tandis qu'il soufflait les bougies.

J'avais expliqué à la dame du centre pour le mutisme sélectif de Lorcan, histoire qu'elle ne soit pas surprise. Lorcan a hoché la tête quand elle lui a demandé s'il voulait du jus et, naturellement, n'a pas dit un mot.

Après le gâteau, tous les enfants ont fait un tour de petites voitures électriques et, pour la première fois de la journée, Lorcan n'a pas voulu participer.

Il n'a pas su dire pourquoi et n'a même pas voulu monter avec Luke ou son père. À ce jour, il n'est jamais monté dans une de ces petites voitures et n'a jamais su nous dire pourquoi.

En février, Mme Mellor et l'assistant d'éducation, Mme Winterbottom, ont organisé un thé dansant pour la Saint-Valentin. Invités à accompagner leurs enfants, les parents ont découvert en arrivant un spectacle adorable : le grand hall avait été orné de ballons, et de jolies tables y étaient dressées, chargées d'assiettes de biscuits admirablement décorés. Sous nos yeux attendris, les enfants de la classe de réception sont alors entrés en couples que présentait Mme Mellor. Les garçons ont conduit leurs cavalières jusqu'à leurs chaises, puis sont allés s'asseoir à leurs places. L'institutrice a ensuite appelé chaque garçon afin qu'ils emmènent leur partenaire sur la piste. L'un après l'autre, ils sont venus chercher leur cavalière et l'ont entraînée au centre de la salle. C'était vraiment très mignon.

Lorcan avait l'air très réservé au début, mais, dès qu'il a entendu son nom, il a repéré sa cavalière, Evie, et l'a conduite sur la piste, profitant que la musique n'avait pas commencé pour m'adresser un signe de la main. Puis les premiers accords de *Top of the World* (la chanson des Carpenters) ont retenti et les enfants ont commencé à valser autour de la salle. Le jury de *Danse avec les stars* s'en serait donné à cœur joie avec ces petits couples.

Au lieu de danser, certains se contentaient de courir en ronds tandis que d'autres faisaient tourner leur partenaire à toute vitesse comme des toupies. Beaucoup se rapprochaient mine de rien de la table de fête et de ses délicieuses friandises, qui les déconcentraient de plus belle de leurs chorégraphies. Hormis un détour imprévu par-derrière les chaises, Lorcan et Evie étaient restés assez sages.

À la fin de la première danse, les filles ont fait une révérence et les garçons, un salut de la tête. Lorcan affichait un grand sourire ; c'était adorable. Les garçons ont alors raccompagné les filles à leurs places, et Mme Mellor leur a poliment rappelé que les demoiselles n'appréciaient pas forcément d'être ainsi transbahutées d'un bout à l'autre de la piste. La chanson suivante a été *Never on Sunday*, un air d'origine grecque, durant lequel la cavalière de Lorcan a gentiment tapé ses petits talons au sol. Puis, lors de la troisième danse, Lorcan l'a entraînée jusqu'à moi.

La dernière danse est finalement arrivée, et les garçons sont à nouveau venus chercher leurs cavalières. À ce moment-là, la petite sœur d'Evie a tenté de se joindre au couple, et Lorcan, visiblement contrarié, a attendu que Mme Mellor fasse défiler sa liste de titres jusqu'à ce qu'elle trouve le bon.

Elle a choisi *Three Times a Lady*, des Commodores, mais Lorcan et Evie n'avaient pas plus tôt commencé à danser que la pauvre petite a perdu sa chaussure. J'ai éclaté de rire, et Lorcan est venu s'asseoir une minute avec moi le temps qu'elle se rechausse.

Il passait à l'évidence un bon moment. Le bal fini, il a applaudi, tout sourire, puis on a donné du lait et des biscuits aux enfants tandis qu'on nous servait une tasse de thé et une part de gâteau.

Cet après-midi est resté un merveilleux souvenir pour les parents, et voir ces bouts de chou danser et s'amuser était adorable.

On nous a également offert une jolie photo de Lorcan et d'Evie en souvenir de ce charmant après-midi. Aujourd'hui encore, je ne peux m'empêcher de sourire en revoyant le visage radieux de Lorcan.

Lorcan n'a jamais détesté l'école. Il n'a jamais refusé d'y aller, ni pleuré le matin. Manifestement, il adorait y être. Mme Mellor était super avec les enfants, et je savais qu'il pouvait le lui dire si quelque chose n'allait pas. Mais nous arrivions au printemps, et Lorcan ne parlait toujours pas normalement ; il disait juste un mot par-ci par-là, et Mme Mellor l'entendait discuter dans la cour s'il pensait qu'aucun adulte n'écoutait. Sinon, il se faisait de nouveaux amis, à mon grand soulagement, et George restait fidèlement à ses côtés et l'aidait de son mieux.

Ce n'est qu'à la fin de l'année scolaire, dans les dernières semaines du trimestre, qu'il s'est remis à parler... à la même période que l'année précédente. À cette époque, j'étais passée devant sa classe au moment où son institutrice évaluait son niveau de lecture, et Lorcan lisait bel et bien à voix haute.

Il lui fallait toute l'année ou presque pour se sentir à l'aise, puis, à chaque rentrée, c'était retour à la case départ. Même le passage de la classe de réception à la première année[1] a causé une rechute, alors que ses camarades étaient exactement les mêmes et qu'il restait là encore dans les mêmes locaux.

***

Ironiquement, il y a eu des fois où nous aurions préféré que Lorcan se taise. S'agissant de commenter le physique des gens, il n'a jamais saisi le concept de convenances sociales, et, en dépit de son mutisme

---

1. L'enseignement primaire anglais commence à cinq ans et se divise en *Year 1, Year 2, Year 3* (1re année, 2e année, 3e année) et ainsi de suite.

sélectif, ses remarques peuvent être tout sauf discrètes quand il les fait en public.

« Ha ! ha ! Regarde le monsieur ! » est une phrase que l'on entend fréquemment dans sa bouche. Généralement, sa jolie frimousse fait qu'on le pardonne, mais je ne sais plus où me mettre.

Un jour, quand il avait deux ans, nous étions dans le jardin de devant en train de désherber lorsqu'un couple est passé en lui souriant. Alors qu'ils s'éloignaient, il a crié :

— Salut, les mendiants !

Très fort. C'était drôle, mais aussi franchement embarrassant. Par chance, le couple n'a pas réagi, soit qu'il était trop poli, soit qu'il n'avait pas saisi ses paroles.

À cinq ans, un jour que nous faisions les boutiques dans Manchester, il a crié :

— Regardez, il y a un nain !

Là encore, nous avons eu de la chance que l'homme en question ne l'ait pas entendu.

Une autre fois, nous étions partis à Londres pour le week-end et descendus dans un hôtel. Un matin, nous attendions l'ascenseur sur le palier et, lorsqu'il est arrivé et que les portes se sont ouvertes, il a lancé à voix haute :

— Je peux pas entrer. Il y a trop de gros.

À nouveau très embarrassant, même si cela montrait qu'il avait bien compris les consignes de sécurité relatives au poids ! Même à l'école, il lui est arrivé de laisser tout le monde pantois. À cinq ans, pendant une récréation, il avait lâché le mot « putain » devant les autres enfants. Une petite troupe d'enfants de réception s'étaient empressés de le rapporter à la maîtresse. Seulement, ce n'était pas le gros mot qui les avait étonnés, mais le simple fait que Lorcan ait parlé !

À la maison, son bavardage incessant prêtait fréquemment à rire. Une fois, il m'a demandé un biscuit et a enchaîné en lançant :

— Jolie maman, jolie maman, je peux en avoir un ? S'il te plaît !

Une autre fois, je l'avais disputé à propos de quelque chose et il a demandé à son père :

— Papa, pourquoi maman est-elle en même temps sévère et gentille ? Explique-moi ! Pourquoi maman est-elle en même temps gentille et méchante ?

Lorcan est vif comme l'éclair quand il prépare un mauvais coup. Lorsqu'on fait les magasins, il faut constamment l'avoir à l'œil. Il n'arrête pas de se cacher derrière le comptoir, de s'amuser avec la caisse enregistreuse ou de mettre la main sur des « trucs intéressants ».

À la fin de l'année scolaire, nous nous préparions à faire un nouveau séjour à Disneyland Paris, mais il fallait d'abord renouveler le passeport de Lorcan. Dave l'a donc emmené au centre commercial dans une boutique photo qui propose les formats passeport. Heureusement, c'était un samedi et le magasin était bondé. Lorcan s'est sagement laissé prendre en photo, mais, lorsqu'il a fallu attendre quelques minutes que les photos soient prêtes, comme d'habitude, il ne tenait plus en place. Il a commencé à se promener dans la boutique, « juste pour regarder », et a aperçu l'appareil photo que l'employé avait reposé sur le comptoir. Lorcan est incroyablement rapide pour chiper des choses sans qu'on le voie. Pour plaisanter, on le surnomme le Renard[1] et on dit que Luke est Oliver Twist.

Quelques minutes plus tard, son exploration terminée, Lorcan est revenu auprès de son père et lui a tendu un objet en lançant fièrement :

— Voilà pour toi !

Dave a regardé dans sa main : Lorcan venait de lui remettre un élément de l'appareil photo ! De toute évidence, Lorcan avait joué avec, et la pièce s'était détachée. Une chance qu'il ne l'ait pas glissée dans sa poche et rapportée à la maison.

Par bonheur, entre-temps, le photographe avait tiré les photos, et David a reposé discrètement la pièce sur le comptoir avant de s'éclipser.

Même à la maison, Lorcan s'emparait parfois de petits trésors. L'année de ses sept ans, Luke perdait beaucoup de dents de lait. Lorcan était fasciné par le phénomène, et sans doute un peu jaloux aussi (en particulier quand la petite souris a commencé à laisser des pièces sous l'oreiller). Une nuit, je m'étais glissée dans la chambre de Luke pour échanger la dent par une pièce quand j'ai découvert en soulevant

---

1. Personnage de pickpocket dans le roman de Dickens, *Oliver Twist*.

l'oreiller qu'elle n'y était plus. Connaissant Lorcan, je suis allée vérifier sous le sien et, en effet, la quenotte était là. Il va sans dire que la petite souris n'a pas été dupe et que les biens mal acquis ne lui ont rien rapporté.

Lorcan est un grand fan de l'émission télé *Redoutables Créatures,* dans laquelle le spécialiste en animaux costaud et extraordinairement courageux Steve Backshall manipule les plus dangereuses créatures qui soient. Lorcan peut rester des heures assis devant, fasciné qu'il est par les animaux mortels.

Lorsque nous avons appris que l'émission partait en tournée et faisait étape à Liverpool en 2010, nous avons décidé de nous y rendre : Luke et Lorcan étaient survoltés. Le jour J, il pleuvait des cordes, et les garçons ont patiemment attendu un temps fou devant le studio de tournage.

Ils étaient trempés et frigorifiés. Mais leur patience a été récompensée. Steve a fini par sortir et ils ont pu le rencontrer et se faire photographier avec lui. Il a discuté avec eux et, tandis que Luke répondait, Lorcan n'a évidemment pas dit un mot.

Quelque temps plus tard, alors qu'il jouait dans le jardin, Lorcan a découvert des cloportes. Avec l'aide de Luke, il a écrit à Steve pour lui proposer de les inclure dans sa liste des soixante animaux les plus dangereux de l'émission !

Steve lui a gentiment envoyé un autographe, que Lorcan a gardé. En revanche, je crois qu'il n'a pas été convaincu pour les cloportes.

Une autre fois, Lorcan a rencontré le célèbre acteur et animateur télé Matthew Kelly lors d'une manifestation de soutien au centre hospitalier de Trafford, où Lorcan est né. Matthew, qui est originaire de notre district d'Urmston, était venu appuyer une campagne visant à y maintenir les urgences. Il a été charmant et a passé des heures à bavarder avec les gens du coin. Nous avons même pris des photos amusantes de Lorcan avec Matthew. Sur l'une d'elles, Lorcan tient une pancarte Sauvez le lieu de naissance du NHS[1], et il sourit de toutes ses dents parce que Matthew s'appuie sur sa tête comme sur un accoudoir. Là encore, il n'a pas lâché un mot.

***

Après son arrivée en première année, Lorcan a de nouveau régressé, bien qu'il eût gardé les mêmes camarades de classe.

Cette fois, la situation était légèrement différente, car il avait un instituteur au lieu d'une institutrice, M. Southern, qui était génial.

Il a fait l'effort de s'intéresser à Lorcan afin de mieux le connaître. Il lui accordait une attention particulière et cela semblait payant.

Les progrès ont commencé lentement, mais, lors de la première rencontre parents-enseignants, M. Southern nous a dit que Lorcan répondait aux

---

1. À l'occasion de la création du NHS (sécurité sociale britannique) en 1948, le ministre de la Santé avait visité l'hôpital Trafford General de Manchester.

questions de mathématiques. Il levait le doigt, puis parvenait à donner la réponse à son instituteur devant toute la classe (mais uniquement s'il s'agissait de mathématiques).

L'un des traits que nous avons remarqués chez Lorcan et qui est typique des Asperger, est sa tendance à prendre toutes les expressions au pied de la lettre. Toute consigne doit donc être formulée de façon claire, car les métaphores et les tournures de style l'embrouillent.

Un jour, M. Southern lui a demandé :

— Est-ce que tu peux descendre ces chaises de la table ?

Lorcan lui a lancé un drôle de regard et a continué son chemin. Pour lui, l'instituteur lui avait demandé s'il était « capable » de descendre les chaises de la table, et non pas de le faire. Lorcan s'était sans doute dit : *Bien sûr que je peux ! Vous êtes bête ou quoi ?* Dès lors, M. Southern a toujours formulé ses instructions de manière claire et non équivoque.

Lire un livre avec Lorcan peut s'avérer rocambolesque. Pour lui, une expression comme « pleurer toutes les larmes de son corps » est extrêmement amusante, parce qu'il se représente la scène de façon littérale. Nous lisions l'autre jour un livre dans lequel des gens jouaient au football. Ils perdent le match et le texte dit : *Ils ont mordu la poussière.* Lorcan n'a pas compris le sens de l'expression. Il s'est imaginé les joueurs en train de manger la poussière et il a éclaté de rire tant l'image était amusante. Mais il se peut qu'un jour l'image ne soit pas amusante ou qu'il soit attristé parce qu'il ne comprend pas ce qu'on dit.

Lorcan aime beaucoup les livres du Club des Cinq et trouve parfois leur langage désopilant. Un autre soir, il a lu une phrase qui disait : *Un bon feu crépitait dans l'âtre et la petite pièce en ruine s'éclaira de flammes dansantes.* L'image lui a semblé très étrange, et il s'est mis à rire tout en gigotant dans son lit.

Mais je crois qu'il commence à comprendre certaines comparaisons. Ainsi, quand Anne[1] (ou « Annie » comme il l'appelle) décrit le bruit de la mer en disant : *« On croirait entendre les vagues rugir »*, Lorcan me précise aussitôt :

— Même si elle n'a pas de voix.

On n'imagine pas le nombre de fois où l'on emploie des métaphores, des phrases au figuré ou des expressions familières dans la vie de tous les jours, et on ne s'en rend pas compte avant d'avoir un enfant qui prend toutes ces phrases au pied de la lettre.

On dit parfois d'une nouvelle stupéfiante : « Les bras m'en tombent. » Si Lorcan entendait cela, il risquerait fort de s'affoler.

Comme toutes les mamans, si je suis occupée et que les enfants me réclament, je leur réponds :

— Attendez une minute.

Lorcan comprend qu'il doit compter lentement jusqu'à 60 et, si je dépasse le temps imparti, il n'est pas content.

---

1. Plus jeune personnage du Club des Cinq, prénommée « Annie » dans la version française.

Luke racontait récemment à son frère une anecdote qui était survenue dans le bus scolaire et qui l'avait beaucoup amusé. Il a dit comme ça :

— J'étais mort de rire !

— N'importe quoi ! a répondu Lorcan en fronçant les sourcils. T'es pas mort du tout.

De la même façon, Lorcan s'exprime de manière tout aussi directe et dit exactement ce qu'il pense, quitte à friser l'insolence. Quand il avait six ans, une de mes amies, Alison, était passée à la maison. Nous bavardions sur le pas de la porte quand j'ai entendu Lorcan m'appeler à répétition, comme font les enfants quand on ne leur répond pas.

— Maman. Viens, répétait-il.

Comme je sentais qu'il n'y avait pas d'urgence, j'ai continué de bavarder. Au bout d'un moment, il a débarqué dans le couloir, a marché jusqu'à la porte et a ordonné à Alison (à qui il n'avait jamais parlé jusque-là) :

— Tu rentres chez toi, s'il te plaît !

***

En juin 2011, alors que Lorcan avait réalisé de gros progrès, nous avons revu le Dr John.

Cette fois, il nous a dit qu'il avait besoin d'un échantillon sanguin afin d'écarter toute possibilité d'anomalie chromosomique.

Nous avons donc pris rendez-vous pour une prise de sang, et une infirmière est passée à domicile.

Nous étions assis dans le salon, inquiets, tandis que Lorcan s'amusait avec une fourmi qu'il avait trouvée. L'infirmière a alors appliqué un peu de « pommade magique » sur le bras de Lorcan pour l'anesthésier avant la piqûre.

J'ai suivi des yeux l'aiguille à fistule en retenant mon souffle, m'attendant à tout moment à l'entendre crier. Je craignais que le choc lui provoque une crise. À mon grand étonnement, Lorcan est resté assis tranquillement, souriant à l'infirmière tandis qu'elle enfonçait l'aiguille et effectuait le prélèvement.

On voyait le tube vide fixé à la seringue se remplir de sang, mais Lorcan n'a pas bronché. L'infirmière était ravie. Elles sont naturellement plus habituées à voir les enfants pleurer et s'agripper à leurs mères. À cet égard, Lorcan a sans doute été leur patient le plus docile !

Les résultats de l'examen sanguin étant normaux, cela nous a épargné un souci, mais, curieusement, le sourire de Lorcan m'avait inquiétée.

Je le vois fréquemment sourire, et les gens ne réalisent pas que c'est un moyen pour lui de surmonter une expérience angoissante, telle une prise de sang ou une visite chez le dentiste.

Les gens qui ne le connaissent pas se méprennent souvent devant son visage souriant. Ils y voient le signe qu'il n'est pas inquiet, alors qu'il l'est au contraire. Le mutisme sélectif est un trouble anxieux attesté, et j'ignore à quoi lui sert son sourire : est-ce une manière d'attendrir les gens et de les amadouer ?

Ou s'agit-il d'un mécanisme d'adaptation destiné à atténuer son anxiété ? Dans un cas comme dans l'autre, c'est inquiétant.

***

Après une année passée dans la classe de M. Southern, Lorcan faisait à nouveau des progrès, et nous nous prenions à espérer que la transition vers la deuxième année se fasse sans grosse régression.

Mais, en juillet, juste avant le début des vacances, j'ai appris qu'un remaniement était en préparation parmi les enseignants : l'institutrice qui s'occupait depuis toujours des deuxième année serait désormais responsable des cinquième année. J'étais absolument effondrée. C'était en partie pour Mme Stevens que j'avais choisi d'envoyer les garçons dans cette école. C'est une formidable institutrice, et j'espérais qu'elle pourrait faire des miracles avec Lorcan.

La nouvelle m'a sapé le moral et je m'inquiétais déjà par avance. Tout à coup, mes craintes ont ressurgi de plus belle à l'idée que Lorcan ne pourrait jamais parler en classe comme ses camarades et que ses résultats en pâtiraient.

Il fallait que j'agisse. J'ai donc adressé une lettre énergique à la nouvelle directrice, dans laquelle j'exprimais ma colère et mon inquiétude. Dès qu'elle l'a reçue, elle m'a téléphoné et nous avons eu une longue et très encourageante discussion, au terme de laquelle elle accorda à Lorcan trois séances hebdomadaires en tête-à-tête avec son institutrice de deuxième année, afin d'appliquer les objectifs du programme « Briser les barrières ».

J'ai beau être une personne pragmatique, qui aborde généralement les problèmes à bras-le-corps, j'ai parfois laissé mes émotions prendre le pas quand il s'agissait du mutisme sélectif de Lorcan.

C'est une chose bouleversante que d'emmener son enfant quelque part et de constater qu'il n'arrive pas à parler à cause de ce trouble de l'anxiété.

En tant que parent, j'ai de la peine à l'idée qu'il puisse ressentir de l'anxiété ou de l'angoisse, mais, dans la mesure du possible, j'aborde les problèmes avec pragmatisme. Car, au final, l'important, ce n'est pas moi, mais Lorcan.

5

Un chaton attachant

En septembre 2010, notre pauvre vieille minette Flo est tombée gravement malade des reins. Elle venait me voir en pleurant et faisait pipi de plus en plus souvent. Une fois, après avoir nettoyé sa litière, j'avais oublié de la rapporter à l'intérieur. La pauvre chatte a eu l'intelligence d'uriner dans une coupe en plastique que j'avais laissée par terre, ce qui s'est révélé bien pratique en fin de compte, car la vétérinaire avait besoin d'un échantillon d'urine et, du coup, nous n'avons pas eu à forcer la minette, ce qui, comme vous l'imaginez, n'aurait pas été simple.

La vétérinaire nous a dit que ses reins ne fonctionnaient plus et que la meilleure chose que l'on pouvait faire pour elle était de l'euthanasier. Elle avait 14 ans, et sa santé se dégradait depuis un moment. Nous savions donc que ce jour arriverait, mais Dave et moi étions vraiment tristes quand elle est partie, car il y avait longtemps qu'elle faisait partie de la famille.

Je n'ai pas pu rester dans la pièce quand ils l'ont piquée ; seuls Adam et maman y ont assisté. Adam l'avait depuis qu'il était petit et il a évidemment été très affecté : c'était vraiment son chat. Lorsqu'elle a été incinérée, il a demandé à garder les cendres, et le cabinet les a mises dans un joli récipient entouré d'un ruban, qu'il a posé dans sa chambre.

Quelque temps plus tard, alors qu'il était à nouveau parti fouiller dans la chambre d'Adam, Lorcan a découvert l'urne. Intrigué, il a tenté de l'ouvrir « pour voir les os et le sang de Flo ». Depuis ce jour, nous avons dû cacher les cendres !

La chatte avait passé le plus clair de son temps des dernières années à se carapater à l'étage pour échapper aux facéties des garçons. Pour cette raison, ils n'avaient jamais tissé avec elle la même relation qu'avec la chienne. Comme Luke et Lorcan n'étaient pas trop affectés, nous en avons profité pour aborder, de manière légère, la question de la mort avec eux : eh bien, le sujet les a fort intéressés, mais Lorcan tenait surtout à voir la chatte.

Flo décédée, j'ai aussitôt voulu une autre chatte. Mais pas n'importe laquelle ! Avant Flo, nous avions eu d'autres chats qui s'étaient fait écraser. Pendant longtemps, j'avais gardé Flo à l'intérieur, car, née en hiver, elle était plus fragile. Lorsqu'elle avait été stérilisée, les balades à l'extérieur ne l'intéressaient déjà plus. Elle sortait, mais ne dépassait jamais la limite du jardin, ce qui était tout aussi bien : c'est sans doute pour cela qu'elle a pu vivre jusqu'à 14 ans.

Nous avons immédiatement décidé de prendre un autre chat, car j'avais beau adorer la chienne, j'ai toujours été plus portée sur les chats. Je me suis dit : *Bon, déjà, je ne veux pas d'une chatte qui vagabonde. Donc, si j'achète un animal de race, je ne serai pas tentée de la laisser sortir.*

Avec les chatons, quand on n'y prend pas garde, on finit toujours par laisser une porte entrouverte, et la petite boule de poils s'échappe. Je ne voulais pas qu'il lui arrive du mal.

Comme à mon habitude, je me suis aussitôt mise à chercher (le jour même où on a euthanasié Flo, à vrai dire). N'étant pas fixée sur la race, j'ai procédé comme pour Lily, passé en revue les différentes races sur Internet, puis rempli les questionnaires en ligne destinés à vous aiguiller dans vos choix. On vous demande par exemple si vous êtes disposée à le faire toiletter, s'il doit être doux avec les enfants, ce genre de choses, puis on vous propose différentes races.

Les deux résultats qui revenaient le plus étaient le sacré de Birmanie et le Maine Coon, mais le second nécessitait apparemment un toilettage régulier, ce qui m'a un peu refroidie. Ça ne laissait donc que le birman. Je me suis un peu plus documentée, histoire de vérifier qu'ils n'avaient pas de problèmes héréditaires, comme c'est parfois le cas avec certains chats de race fragiles du cœur ou d'autres organes : les birmans se sont avérés en parfaite santé.

L'étape suivante était de trouver un éleveur. J'en avais repéré deux situées dans la région et les avais contactées dès le premier jour. L'une d'elles, une dame nommée Janet Bowen, m'a aussitôt rappelée pour me dire qu'il lui restait une petite femelle d'une portée de sa chatte. Sans prendre le temps de l'interroger sur l'âge ou la couleur du chaton (il existe pourtant toute une variété de robes), j'ai répondu :

— Ah ! formidable. Peut-on passer la voir ?

Janet habitait à Chorley, dans le Lancashire, à quelques sorties d'autoroute. Le soir suivant, quand David est rentré du travail, maman est venue surveiller les enfants, et David et moi sommes allés voir la chatte.

Nous avions préféré y aller sans les enfants, car nous ne pensions pas la ramener le jour même et nous ne voulions pas qu'ils soient déçus si, pour une raison ou une autre, nous décidions de ne pas la prendre. Notre intention était juste de la voir, mais nous avions embarqué la caisse de transport, juste au cas où.

Lorsque Janet a ouvert la porte, elle avait le minuscule chaton sur l'épaule, une vraie peluche, puis, en entrant dans le salon, nous avons été accueillis par une magnifique birmane adulte, qui s'avéra être la maman.

Janet possédait également un chat noir vraiment superbe… et tous ces petits chatons qui couraient ici et là dans la pièce et sur les meubles.

Il y avait des années que je n'avais plus vu Flo grimper sur quoi que ce soit et j'étais fascinée de les voir tous jouer ainsi.

Dans un réflexe protecteur, j'ai demandé :

— Est-ce qu'ils peuvent sauter du haut des meubles ?

Elle m'a regardé en riant et m'a dit :

— Oui, bien sûr.

Alors que nous étions assis à les admirer, j'ai pensé tout à coup : *J'en prendrais bien deux en fait..., mais ce ne serait pas raisonnable.*

Elle avait beau être abordable pour un pedigree, cette petite chatte coûtait tout de même la coquette somme de 400 livres[1]. Comme si elle avait lu dans mes pensées, Janet nous a proposé de nous faire un prix si nous en prenions deux.

David, lui-même conquis, m'a demandé si je souhaitais qu'il passe à la banque.

— Mais non ! ai-je répondu. Ne dis pas de bêtises.

Je ne sais pas quel type de ristourne il espérait, mais je suppose qu'elle n'aurait pas été énorme. Sans compter qu'il y aurait eu les factures de véto en double, les frais de nourriture, etc.

Entretenir ses animaux de compagnie coûte cher ; alors, je me suis résignée à n'en prendre qu'une. Jess étant la seule femelle, c'est donc elle que nous avons choisie. C'était une petite chose incroyablement mignonne avec son pelage crème, son petit visage sombre et ses magnifiques yeux bleus : elle était irrésistible. Comme nous ne pouvions pas repartir sans elle, nous l'avons mise dans la caisse de transport et rapportée à la maison le soir même.

---

1. Environ 450 euros.

Quand nous sommes rentrés, les enfants étaient toujours debout : il leur tardait de rencontrer le nouveau membre de la famille. Pour des raisons évidentes, j'ai commencé par m'assurer que la chienne était enfermée.

Lily avait peur de Flo, parce que la chatte avait coutume de lever la patte en guise d'avertissement, pas de manière agressive, mais juste pour lui rappeler qui était la chef. Mais Flo était déjà adulte quand nous avions eu Lily : elle lui faisait simplement comprendre qu'elle empiétait sur son territoire et qu'il valait mieux qu'elle se tienne à carreau. Contrairement à Flo, Jess était encore petite et c'était elle qui arrivait sur le territoire de Lily ; alors, nous ne savions pas trop comment la chienne réagirait.

Une fois Lily enfermée, j'ai posé la caisse par terre et l'ai ouverte, et la petite boule de poils en a surgi. Elle était si craquante, et aucun d'eux n'avait jamais vu un chaton de si près.

Ils ont tous succombé. Elle était absolument adorable et hyper amicale. Plus tard, quand des amis sont passés la voir, au lieu de griffer ou de déguerpir quand ils la prenaient dans leurs bras, elle se laissait gentiment caresser, ou bien bondissait sur le canapé et se lovait sur les genoux des enfants. Tout le monde était fasciné.

Lorcan est tombé sous le charme de Jessi à la minute même où nous l'avons laissée sortir de la caisse. La joie sur son visage lorsqu'il l'a vue surgir faisait plaisir à voir. Elle était minuscule et toute mignonne, et, plus important pour Lorcan, se laissait volontiers ramasser et porter.

La plupart des chatons n'aiment pas que les gamins les manipulent, car ils peuvent être assez brutaux, mais les birmans sont connus pour être doux avec les enfants. Jessi a toujours été une minette calme et tolérante.

Les chatons sont généralement des créatures très sociables. Ils sont attirés par les mouvements et le timbre aigu des enfants. Lorcan étant un vrai tourbillon, Jess a largement trouvé matière à s'intéresser. Qu'il ait été en train de courir à travers la maison en jouant à Indiana Jones ou de s'amuser avec ses soldats dans la salle de jeux, Jess était là.

Le lien entre Lorcan et Jessi s'est développé très rapidement et nous a tous beaucoup surpris. Jamais je n'aurais imaginé qu'il réagisse de façon aussi positive. Il avait trois ans quand nous avions eu la chienne, et, même s'il l'adore, il lui témoigne rarement la douceur qu'il montre envers Jess.

Lorcan est vraiment sans pitié avec la pauvre Lily : il lutte avec elle, lui fait des clés de catch sans jamais la ménager, mais Lily ne dit rien.

Avec Jess, dès le premier jour, il a été doux comme un agneau. On aurait dit qu'il sentait qu'il faut être délicat avec un chaton, que ce n'était pas Lily. Il la traitait avec beaucoup de délicatesse et, bientôt, il a commencé à lui parler avec une petite voix, comme s'il s'agissait d'un bébé. Très vite, il est devenu très protecteur et, encore aujourd'hui, il regarde les gens d'un sale œil s'il pense qu'ils « ont été méchants » avec elle.

— Ça va, Jess ? demande-t-il alors d'une voix douce. Est-ce qu'ils ont été méchants avec toi ?

Quand j'étais enfant, mon premier chat était un chaton que ma mère avait sauvé alors qu'il se faisait courser par un chien et qu'elle avait décidé de garder. Elle nous avait demandé, à moi et à mon frère, de lui choisir un nom, mais nous n'avions pas réussi à nous accorder, si bien que la pauvre bête n'avait jamais eu de nom. On l'appelait « le chat » ou « minou ».

Aussi, quand nous avons décidé d'adopter un chaton, je ne voulais pas que tous les trois se disputent à leur tour pour choisir le nom du chat. J'ai donc décidé que ce serait moi qui l'imposerais.

Petit, Lorcan avait une peluche qu'il chérissait : Jess, le chat de *Pierre le facteur*. À l'origine, c'était à moi qu'Adam l'avait offerte, mais Lorcan s'y était attachée et l'avait plus ou moins adoptée.

Cette peluche m'est revenue en mémoire et son nom m'a plu. Dès que nous avons rapporté le chaton, je leur ai dit qu'elle s'appelait « Jess ». Lorcan était très content qu'elle porte le même nom que sa peluche. Malgré cela, au fil des semaines, « Jess » est devenu « Jessi », puis « Jessica » et finalement « Jessi-cat ».

Comme je l'ai déjà dit, le nom inscrit sur son pedigree est *Bluegenes Angel*.

Jess avait 12 semaines quand nous l'avons eue, et elle était déjà habituée à la litière. Elle ne nous a donc pas causé de souci. Ce n'est pas comme un chiot qu'il faut sortir et qui réclame un peu plus d'attention. Un chat a juste besoin de nourriture et d'une litière propre pour être heureux.

Mais Jess recevait énormément d'attention de la part de Lorcan, et elle n'a pas tardé à la lui rendre. Ils sont rapidement devenus inséparables. Elle le suivait dans la maison, rappliquait en courant quand elle l'entendait rire et allait l'accueillir à la porte quand il revenait de l'école.

Lorcan a toujours été fasciné par les deux guerres mondiales et par les armées. Il a tout un tas de petits soldats, et s'est même rendu à la fête donnée à l'école pour les noces, en avril 2011, du prince William et de Kate Middleton (à présent duc et duchesse de Cambridge) habillé en soldat. Pour vous dire, une année, la carte qu'il m'avait dessinée pour la fête des Mères comportait un soldat armé d'un fusil !

Quand Jess était petite, Lorcan adorait jouer par terre avec son fort et ses petits soldats. Il ménageait un grand espace dans la salle de jeux, où il était le plus souvent, et passait un temps fou à les placer en rangs, comme pour une bataille. Jess se frayait lentement un chemin à travers les dizaines de figurines en ordre de bataille ou, à l'occasion, dévoilait son côté facétieux et chargeait au beau milieu !

Curieusement, Lorcan ne l'a jamais disputée pour avoir renversé ses troupes. Si la chienne ou un membre de la famille avait le malheur d'en faire autant, il se fâchait et nous traitait de cervelle de moineau ou d'andouille, ou une autre de ses insultes favorites. Mais, si c'était Jess, il se contentait de rire ou de la gronder gentiment.

Je les ai un jour filmés tous les deux en train de jouer aux petits soldats. Lorcan mettait en place ses rangées de figurines avec minutie lorsqu'elle avait bondi en plein milieu, dévastant toute l'organisation et laissant toute son armée couchée à terre, comme au sortir d'une violente bataille.

Patiemment, Lorcan avait commencé à les remettre debout un par un, et il avait à peine eu le temps d'en relever trois ou quatre qu'elle avait chargé de nouveau. Cette fois, il s'était empressé de les pousser sur le côté, juste à temps. Il avait ensuite recommencé à les relever un par un. Si ç'avait été Luke ou moi qui les avions renversés, il aurait été furieux, mais là, il s'était contenté d'un « Arrête, Jess », et avait continué comme si de rien n'était.

Un autre des jeux favoris du duo terrible implique un fouet que Lorcan a reçu dans une panoplie d'Indiana Jones. Il gambade à travers la maison, le fouet à la main, tandis qu'elle court derrière lui, et ça les occupe pendant des heures.

En plus d'avoir du mal à exprimer ses émotions, Lorcan souffre d'humeurs extrêmes. Il est soit très heureux, auquel cas il rit et chantonne, soit triste et morose, et pique alors des crises ou pleure. Il n'y a pas de demi-mesure. C'est un symptôme que la psychologue scolaire allait elle aussi remarquer plus tard. Par conséquent, Lorcan peut parfois être bruyant, très bruyant, en particulier quand il pleure ou qu'il pique une crise : il crie de toutes ses forces. Mais son rire aussi est très sonore. Il arrive que je dorme à poings fermés dans ma chambre à l'étage et que je sois réveillée par son rire dans le salon au rez-de-chaussée. Et puis il a une voix très aiguë.

Je crois que certains chats se sauveraient en l'entendant faire autant de bruit, car ils n'aiment pas les sons stridents, mais ça ne semble pas déranger Jess. S'il se met à pleurer et à crier, la chienne s'en va, mais pas Jess. Elle reste à côté de lui. Elle ne s'approchera pas pour le consoler, mais elle ne partira pas non plus, et le simple fait qu'elle soit là semble suffire à l'apaiser.

***

S'il est vrai que les chats ont neuf vies, alors Jess n'en a plus que six. Elle a épuisé les trois autres avant son premier anniversaire.

Durant les premiers mois qui ont suivi son arrivée, je la prenais la nuit dans notre chambre, car je n'étais pas totalement rassurée à l'idée de la laisser seule avec la chienne. Lily était un brin jalouse, et je craignais qu'elle lui donne un coup de patte ou même qu'elle la mordille derrière la nuque, comme peuvent le faire les chiens pour affirmer leur position. La chatte était si minuscule que je tenais à veiller sur elle.

Le soir où nous avions rapporté Jessi, la chienne avait manifesté beaucoup d'intérêt pour elle. Lily ne semblait pas mal intentionnée, mais je ne voulais pas prendre de risques. J'avais donc mis Jess dans son panier et l'avais emportée dans notre chambre.

À peine l'avais-je posée par terre qu'elle avait bondi sur le lit et s'était couchée sur l'oreiller pour y passer la nuit. N'ayant pas eu le cœur de la chasser, je m'étais glissée dans le lit sans la déranger et l'avait laissée dormir là.

Lorsque je m'étais réveillée le lendemain matin, elle n'était plus là ! Et puis, soudain, je l'ai aperçue inerte, écrasée entre les oreillers. Un sentiment d'horreur m'a saisie : j'ai cru qu'elle s'était étouffée, et mon sang n'a fait qu'un tour. J'ai crié :

— Je l'ai tuée ! Je l'ai tuée !

Dave l'a calmement ramassée et elle a cligné des yeux en bâillant. Ouf !

Quelques jours plus tard, la curiosité a bien failli la tuer lorsqu'elle est tombée dans la baignoire. J'étais loin d'imaginer qu'un chat puisse aimer l'eau, et je n'avais donc pas pris la peine de fermer la porte tandis que je me faisais couler un bon bain.

En entrant dans la pièce, j'ai vu le chaton abasourdi et trempé comme une soupe sauter sur le tapis. Elle faisait vraiment peine à voir. Jess était tombée dans l'eau du bain et avait réussi à éviter la noyade en remontant tant bien que mal sur le bord de la baignoire. Comme j'aime remplir la baignoire, elle aurait très facilement pu se noyer.

Jess était une chatte si belle et si affectueuse que beaucoup de nos amis insistaient pour que nous la laissions avoir des petits et qu'ils puissent en avoir un. Mais nous n'avons pas voulu, car cela peut être dangereux pour la chatte, et je suis si sensible que j'aurais sans doute voulu garder les chatons de toute façon. Dès qu'elle a eu six mois, je l'ai donc emmenée chez le véto pour la faire opérer, comme je l'avais fait avec tous nos animaux. C'est une intervention banale, et je ne m'attendais pas à ce qu'il y ait de problème. Je l'ai donc laissée chez le vétérinaire et suis rentrée à la maison. Je devais passer la récupérer plus tard.

Cet après-midi-là, la vétérinaire m'appelle pour me dire que Jess était hors de danger, mais que son cœur s'était arrêté quand ils l'avaient mise sous anesthésie. J'ai pensé : *Que vais-je dire aux enfants si jamais elle meurt ? Que faire ?*

J'étais affolée. Ils m'ont demandé si j'acceptais qu'ils lui fassent une radio pour déceler d'éventuelles anomalies cardiaques et indiqué qu'ils la garderaient la nuit en observation. Nous nous étions tellement attachés à elle que l'idée de la perdre nous était insupportable.

Par chance, la radio n'a révélé aucun problème et la véto en a conclu que Jess ne tolérait tout simplement pas l'anesthésique utilisé. En outre, je crois qu'elle avait paniqué en croyant que Jess était un ragdoll (une race de chats connue pour ses problèmes cardiaques). Du coup, nous ne l'avons pas fait opérer ce jour-là et avons passé plusieurs mois par la suite à nous demander si nous devions la faire stériliser ou pas. Je suis finalement allée voir un autre vétérinaire et lui ai demandé son avis.

Il m'a répondu qu'il utiliserait un autre anesthésiant, et nous nous sommes donc décidés à la faire opérer. Cette fois, tout s'est bien passé, mais j'étais assez secouée, car je n'aurais jamais cru qu'elle risquait de mourir à cause d'une simple stérilisation.

Fort heureusement, elle a survécu à tous ces flirts avec la mort. À l'époque, personne ne se doutait de l'impact incroyable que cet adorable chaton allait avoir sur nos vies.

6

Un lien indéfectible

Jessi est résolument une chatte d'intérieur. Il nous arrive de la laisser sortir dans le jardin, mais dans ce cas nous ne la quittons pas des yeux. De toute manière, Lorcan adore la regarder jouer dehors ; alors, chaque fois qu'elle demande la porte, il sort lui aussi.

Lors de ses premières balades à l'extérieur, elle passait son temps à explorer les lieux, à grimper aux arbres (dont il fallait l'aider à redescendre) et à se promener dans les parterres de fleurs. Mais un après-midi, Lorcan s'amusait dehors avec elle quand, tout à coup, elle a bondi par-dessus la clôture et disparu. Il avait suffi d'une seconde. En panique, nous l'avons appelée, mais elle ne revenait pas et nous ne la trouvions nulle part. Nous avons passé les deux heures qui ont suivi à frapper aux portes des voisins et à crier son nom d'un bout à l'autre de la rue. Nous l'avons finalement repérée à quelques maisons de chez nous, s'amusant comme une folle à chasser les papillons parmi les fleurs, parfaitement insouciante du tracas qu'elle nous avait causé.

En avril 2011, six mois après son arrivée chez nous, par un beau jour de printemps, nous l'avions laissée sortir dans le jardin. Jess avait passé un bon moment à manger de l'herbe et à renifler les odeurs, son passe-temps favori.

Elle se contente habituellement de rester dans les limites du jardin, mais, ce jour-là, la coquine avait décidé de nous faire à nouveau tourner en bourrique.

Luke et Lorcan la surveillaient tandis que je nettoyais sa litière (eh oui, je mène une existence éminemment glamour !). Soudain, je les ai entendus s'égosiller. Lorsque je suis sortie voir ce qui se passait, Lorcan revenait vers la maison, l'air soucieux.

— Jess est montée dans un arbre et elle peut plus redescendre ! m'a-t-il dit.

Je suis allée vérifier : Jess était effectivement perchée sur une branche à trois ou quatre mètres du sol dans l'arbre derrière la maison. Luke, qui est bon grimpeur, a escaladé aussi haut qu'il a pu, mais n'a pas réussi à l'atteindre.

Nous étions inquiets, car elle miaulait tristement et, menaçant de tomber d'un instant à l'autre, s'agrippait maladroitement à la branche.

— Allez chercher Adam ! leur ai-je dit.

Dave étant au travail, Adam était le plus grand de la maison. J'espérais donc qu'il nous épargnerait le fameux coup de téléphone aux pompiers. Au prix de gros efforts, Adam est parvenu à secourir la pauvre petite chatte, visiblement heureuse de retrouver le plancher des vaches. Après cela, nous ne l'avons plus laissée sortir pendant un moment.

Deux semaines plus tard, en descendant un matin, j'ai trouvé Jessi courant comme une furie à travers la maison. Elle pourchassait de toute évidence quelque chose. En m'approchant, j'ai vu que c'était une mouche.

Après deux heures de traque, elle l'a finalement capturée sous nos regards fascinés. Jessi étant une chatte d'intérieur, nous n'avions pas l'habitude de la voir se comporter comme un « vrai » chat, à chasser et traquer sa proie.

cculée, la mouche vrombissait contre la fenêtre du salon. Quand notre chasseresse avait bondi pour l'attraper, nous nous étions spontanément mis à applaudir. Naturellement, c'est à moi qu'il avait incombé de ramasser sa victime agonisante.

Quand Lorcan était petit, il adorait la série de livres *Mog* de Judith Kerr. Mog était bien évidemment un matou. Lorcan a donc toujours aimé les chats, mais nous avons vite constaté que le lien qui l'unissait à Jessi-cat était très spécial. La chatte a commencé à passer de plus en plus de temps dans la chambre de Lorcan. Elle adorait dormir sur un dessus-de-lit en fourrure que nous avions acheté pour Lorcan quelque temps auparavant. Le soir, si je lisais une histoire à Lorcan, Jess venait se rouler en boule sur le lit, comme si elle voulait l'écouter aussi.

La nuit, Lorcan continuait de disposer ses sentinelles en peluche autour de lui, mais, durant la journée, je les trouvais fréquemment, lui et Jessi, au milieu de la troupe de singes. Jess était la princesse, et les singes étaient son escorte.

Ou sinon Jess se perchait sur son arbre à chat et s'amusait pendant une demi-heure à envoyer par terre une souris en tissu, que Lorcan ramassait inlassablement, comme on ferait avec un bambin.

Jess a un château en carton dans la salle de jeux, où elle grimpe quand elle joue avec Lorcan. Elle guette aux fenêtres, et Lorcan s'amuse à y remuer des jouets pour qu'elle les attrape. Quand elle sort la patte, il rit comme un fou et crie :

— Regarde Jessi… Elle tue les méchants !

Mais Jess était en train de devenir bien plus qu'un jouet pour Lorcan. Il a commencé à l'impliquer dans tout ce qu'il faisait, et, surtout, à lui parler en permanence.

Dès que Jess entrait dans une pièce, Lorcan se mettait à discuter. Il lui racontait sa journée, lui disait ce qu'il avait appris à l'école, ce genre de choses.

Cela étant, même s'il lui parlait, il ne lui dévoilait jamais grand-chose de ses sentiments. Je crois en fait qu'il en est incapable.

Si je lui demande comment s'est passée l'école, il me répondra par exemple que c'était nul, mais, si je veux savoir pourquoi c'était nul, il se contentera de noyer le poisson. On ne peut jamais dire ce qui se passe dans sa tête.

Contrairement aux autres enfants, Lorcan est incapable de dire s'il a passé une bonne ou une mauvaise journée à l'école. Si son instit est en formation pédagogique et qu'ils ont un remplaçant, il ne dit rien, mais il est plus ronchon, et nous savons alors que quelque chose ne va pas.

Il ne peut pas me le dire directement. Jamais il ne me dira : « Je n'aime pas telle nouvelle dame. » Et c'est justement une des choses qui m'inquiètent, car, de la même façon, si un gamin le harcèle ou que quelqu'un lui fait du mal, il ne me le dira pas non plus.

Même à Jess, il n'a jamais raconté de choses personnelles, comme : « Aujourd'hui, il est arrivé tel incident et ça ne m'a pas plu. » Mais il semblait adorer le fait qu'elle lui « réponde » chaque fois qu'il lui parlait. Elle a un miaulement très fort, et ses « réponses » l'encourageaient à discuter de plus belle.

S'il s'amusait par terre avec ses figurines, il lui commentait la bataille en direct. Il expliquait : « Ce soldat-là en vert combat l'autre en noir » et lui montrait qui étaient les gentils et qui étaient les méchants.

Et puis il posait sans cesse des questions, auxquelles les miaulements de Jess semblaient apporter les réponses qu'il attendait.

Telle une petite pie, Lorcan a toujours été attiré par les bijoux brillants. Un jour qu'il avait sept ans, nous étions chez maman. Il est monté aux toilettes à l'étage et est redescendu chargé de bijoux. Il portait plusieurs bracelets à chaque poignet et une bague à chaque doigt. Au moment de partir, il a fallu les lui retirer de force sous de véhémentes protestations. Il a même tenté de négocier pour garder « juste un petit truc ». Le petit truc en question s'avérant être une énorme bague de mariage 22 carats, il va sans dire que nous avons refusé. Aussitôt rentré, il s'est empressé de se plaindre à la chatte :

— Mamie est méchante. Elle a pas voulu que je garde le petit truc en or.

Il a eu droit au miaou de sympathie qu'il attendait. Depuis ce jour, il fonce chercher la bague en question chaque fois que nous rendons visite à ma mère.

Quand Lorcan rentrait de l'école, Jess descendait l'accueillir. Elle dort peu, contrairement à beaucoup de chats, et passe ses journées à se promener dans la maison en quête d'amusements.

Elle allait le trouver dans sa chambre et, aussitôt, nous entendions Lorcan discuter d'une petite voix chantante et tout lui raconter. Encore aujourd'hui, je souris quand je les entends, car je sais que le fait de discuter avec Jess ne peut que lui être bénéfique.

Il y a une photo de Lorcan que j'ai prise alors qu'il revenait du foot après l'école. Il est agenouillé par terre, en tenue, en train d'ôter ses crampons boueux. Jess venait de s'approcher pour frotter son nez contre le sien.

C'est une image vraiment attendrissante et d'autant plus poignante quand on sait qu'il n'aime pas que Dave ou moi le touchions, alors qu'il laisse volontiers les animaux le toucher, et en particulier Jess.

Jess fait tout ce qu'un chat fait habituellement, comme s'asseoir sur le clavier de l'ordinateur portable, détaler entre les jambes des gens quand ils montent l'escalier, gratter les papiers peints et se cacher de l'aspirateur. Il faut aussi vérifier dans le lave-linge et le sèche-linge avant de les mettre en route, car elle y grimpe souvent pour dormir.

Elle déteste le bruit de l'aspirateur et court se planquer quand je le passe, puis réapparaît une fois que je l'ai éteint. Quand je passe la serpillière, elle essaie de l'attraper ; du coup, cela me prend deux fois plus de temps.

Dernièrement, Lorcan me regardait passer la serpillière dans la cuisine et il a demandé s'il pouvait essayer. Je lui ai montré comment s'y prendre et comment ne pas remarcher sur le sol mouillé, puis je l'ai laissé se débrouiller. Comme Jess s'amusait à pourchasser la serpillière, Lorcan s'est mis à crier :

— Jessi n'arrête pas de marcher sur le sol propre avec ses pattes sales ! Qu'est-ce qu'on va faire ?

Il souriait tout en disant cela et, en fait, il était bien content que Jessi « l'aide » à laver le sol.

Un autre jour, j'avais décidé de réorganiser les livres sur l'étagère. Mais Jess s'est mis en tête de m'aider et a grimpé sur l'étagère avant de se coucher sur les livres. J'ai dû renoncer à mon projet !

Notre téléphone se trouve dans l'entrée, et elle ne cesse de m'embêter quand j'utilise l'appareil. Elle saute sur le meuble et se met à miauler très fort et à frotter sa tête contre le combiné. À plusieurs reprises, elle m'a coupé la communication en montant sur la base. Prendre un message ou noter quelque chose au téléphone est un vrai jeu de patience, car elle frotte son nez contre mon stylo. Et je ne peux même pas l'enfermer dans le salon, car elle sait ouvrir toutes les portes !

Comme elle adore les objets à plumes ou en peluche, on doit faire attention à ce qu'on laisse traîner. J'ai une écharpe à petits pompons que j'aime bien. Pendant plusieurs semaines, je la retrouvais sans cesse en haut de l'escalier, puis au pied.

Pas besoin d'être Sherlock Holmes pour deviner qui avait joué avec. Je la posais toujours au pied du lit, mais, une fois que Jess en avait fini, l'écharpe pouvait se retrouver n'importe où dans la maison.

La machiavélique minette embête la pauvre chienne et la pousse à la pourchasser. Bien loin de mes craintes des premiers temps, Jess affronte désormais la chienne de pied ferme.

Elles se battent et se poursuivent, mais c'est toujours bon enfant. Et même si Jess est toujours l'instigatrice, c'est Lily que Lorcan dispute. Il n'aime pas ça et gronde toujours la chienne d'une voix ferme :

— Arrête, Lily. Tu fais mal à Jess !

Si Jess veut quelque chose, elle vous le fait clairement savoir. Ainsi, elle miaulera extrêmement fort si elle veut qu'on la prenne dans nos bras. Elle aime qu'on s'occupe d'elle et qu'on s'intéresse à elle, et se damnerait pour une caresse. Lorcan ne la prend pas trop dans ses bras, car je n'aime pas sa façon de la tenir : elle finit toujours les pattes avant écrasées contre elle. Elle se laisse faire, alors que beaucoup de chats se sauveraient ou miauleraient, mais la voir ainsi malmenée me fait pitié. Alors, je dis à Lorcan :

— Repose-la. Elle n'a pas l'air d'aimer comme tu la portes.

Mais il peut bien l'embêter, elle le suit partout ; alors, il n'a même pas besoin de la porter. S'il est assis à regarder la télé, elle viendra s'installer près de lui ou s'allongera à côté de lui sur le canapé.

Jess est une chatte curieuse : elle aime venir voir ce que vous faites. Si je suis seule dans la maison et que je bricole ou m'occupe des tâches ménagères, elle viendra me trouver, où que je sois. Elle aime la compagnie des gens et les cherche.

Mais les adultes sont ennuyeux : ils cuisinent, restent assis à discuter et ne font rien de bien captivant. Elle préfère les enfants, avec leurs jouets et leurs jeux, et traque les objets intéressants dans leurs chambres. Elle saute sur les meubles et les étagères pour renifler les odeurs, et renverse tout sur son passage.

Jess est intelligente. Elle a vite répondu à son nom, et, à l'époque où elle dormait avec nous, il suffisait que je dise « Au lit, Jess » pour qu'elle monte docilement les marches.

Bien que nous l'ayons pris un moment à l'étage, elle dort aujourd'hui où bon lui semble. La porte de notre chambre ferme mal, mais je la pousse tout de même. Dans le silence de la nuit, j'entends soudain un léger grincement, puis plus rien. Et la voilà qui entre. Il se peut que je sois assise en train de lire, et elle paraît surprise. J'ignore pourquoi, car elle sait bien que je suis dans la chambre.

Même les gens qui n'aiment pas les chats apprécient Jess. J'ai une amie qui déteste franchement les chats... à l'exception de Jess.

Elle n'ira pas la caresser, mais la chatte la fascine. Je crois que c'est à cause de ses yeux bleus si perçants et si particuliers.

***

En avril 2011, Lorcan est entré chez les « castors » (la plus jeune section chez les scouts) avec deux copains d'école. Luke en faisait déjà partie depuis quelque temps, mais était passé chez les « louveteaux », la tranche d'âge supérieure.

Lorcan nous ayant souvent accompagnés lorsque nous le déposions, il y est allé sans se faire prier. Il connaissait tous les chefs, et je leur avais parlé de son mutisme sélectif.

Ils ont été très compréhensifs. Sachant que Lorcan ne pourrait pas dire la « promesse des castors » (le serment scout) à voix haute, ils l'ont autorisé à l'écrire et quelqu'un l'a lue à sa place. Lorcan aimait beaucoup les réunions hebdomadaires, mais, dès qu'il a été question de faire des excursions d'une journée, il ne s'en est pas senti capable. Il a toutefois réussi à les accompagner sur un petit parcours en forêt. C'était un réel progrès, et nous avons vraiment été contents.

L'été après l'adhésion de Lorcan, les castors ont invité sa troupe dans le grand camp de Bispham Hall, près de Wigan, à une quarantaine de kilomètres, pour une manifestation régionale intitulée « Célébration de l'excellence scoute ».

Lorcan a accepté d'y aller, mais uniquement parce que les parents y étaient conviés. Nous l'avons donc accompagné.

Les enfants étaient encouragés à s'essayer à diverses activités telles que le tir. Lorcan a bien aimé, mais il s'est cantonné à une seule activité, à savoir descendre une pente boueuse en traîneau, et n'a pas participé aux autres.

Au terme de la journée, les enfants ont reçu un certificat de présence. Lorcan était ravi.

En août 2011, juste avant que Lorcan n'aborde un nouveau changement de classe, nous avons eu un autre rendez-vous avec le pédiatre agréé, le Dr John. Lorsque nous lui avons dit que l'orthophoniste refusait de reprendre en charge Lorcan, il a paru très contrarié. Il l'a appelée devant nous et lui a demandé :

— Quel est l'intérêt d'établir un programme pour l'école s'il n'y a aucun suivi ?

Il a également rédigé une lettre rendant compte de l'état de Lorcan. On pouvait y lire : *Chez les scouts, un camarade de Lorcan doit s'exprimer à sa place, à l'image de la relation entre Moïse et son frère Aaron dans la Bible.* N'étant pas très pratiquante, j'ai dû me renseigner sur l'histoire, car je n'en avais jamais entendu parler. Apparemment, Aaron s'adressait au peuple à la place de Moïse, parce qu'il « parlait bien ». J'ai été frappée par la similitude entre cette relation et celle de Luke et Lorcan.

J'étais contente qu'il mentionne que Lorcan allait chez les scouts. J'ai souvent l'impression, lorsque je rencontre des médecins et des spécialistes, qu'ils me soupçonnent de ne pas laisser Lorcan avoir les mêmes activités que les autres garçons de son âge. Mais il va chez les scouts depuis qu'il a six ans, et il est à présent chez les louveteaux.

Il adore aussi le foot et passe une grande partie de son temps à y jouer comme n'importe quel garçon de son âge.

***

Quand Lorcan avait trois ans, Dave était abonné au club de Manchester City. Un jour, il a emmené les garçons voir un match.

C'était un match de présaison, entre Manchester et Valence, qui se jouait au City of Manchester Stadium (rebaptisé depuis « Etihad Stadium »).

Alors qu'ils arrivaient à leurs sièges près du banc de touche, une clameur s'est élevée dans la foule derrière eux. En se retournant, ils ont vu qu'elle saluait l'arrivée dans le public de Ricky Hatton, un ancien champion de boxe qui réside à Manchester. Dave a expliqué rapidement à Luke et Lorcan qui était l'homme, puis les garçons se sont assis pour regarder le match. Eh bien, Lorcan a passé toute la première mi-temps le dos tourné au terrain, à tenter d'apercevoir cette « personne connue », sans se soucier de la partie.

Lorcan s'est toujours intéressé au football, mais c'est une vraie girouette pour ce qui est de soutenir une équipe. Il supportait à un moment donné Chelsea et Stoke, mais uniquement parce qu'il aimait bien leurs noms !

Il a un album d'autocollants de foot et connaît les noms des joueurs. Il possède également un maillot de Manchester City et un de Manchester United, l'autre club de la ville, ce qui est assez mal vu à Manchester. C'est un supporter très versatile.

Lorsqu'il est passé en deuxième année, Lorcan s'est inscrit au football en activités extrascolaires les jeudis soir et, lors des dernières grandes vacances, il a demandé à aller aux cours d'été de football à son école.

Il connaissait l'entraîneur qui enseignait le sport à l'école primaire, et certains de ses copains y allaient. J'étais vraiment surprise, car les cours dureraient toute la journée et s'étaleraient sur 15 jours.

Mais cela lui a fait beaucoup de bien. Il a pu rencontrer des gens qu'il ne connaissait pas et faire du sport, mais surtout il s'est bien amusé. Il devait emporter son pique-nique et arriver en tenue de foot. Lorcan, fidèle à lui-même, y allait affublé d'un mélange de tenues dépareillées.

Un jour, il portait une chaussette de l'équipe d'Irlande, une de l'équipe d'Angleterre, le short de Manchester City et le maillot de United !

C'est durant cette période que j'ai pris la photo de Jessi en train de lui dire bonjour en frottant son nez contre le sien.

Les cours d'été lui ont beaucoup plu, mais, à la rentrée suivante, quand je lui ai demandé s'il voulait que je l'inscrive au foot après l'école, il m'a répondu :

— Non, c'est ennuyeux.

— Je pensais que tu adorais, ai-je dit, étonnée.

— J'aime juste les matches, pas les autres trucs ennuyeux.

En somme, il voulait dire qu'il aimait jouer, mais pas faire les exercices d'échauffement, d'adresse et de gymnastique.

Quand j'en ai parlé plus tard à une orthophoniste, elle m'a répondu que c'était probablement un symptôme de l'Asperger : il ne comprenait pas la nécessité d'apprendre la technique afin d'améliorer son jeu et voulait simplement jouer au football. Toutefois, j'ai discuté avec d'autres parents qui m'ont assuré que leurs enfants réagissaient de même à son âge et qu'ils avaient repris le foot de plus belle par la suite.

Lorcan prend toujours beaucoup de plaisir à jouer au foot à la maison, même à l'intérieur ! Je suis parfois forcée de le flanquer dehors.

L'année dernière, à l'occasion d'une manifestation sportive, nous avons pu aller faire un tour dans une des loges du stade d'Old Trafford (celui du Manchester United).

Lorcan a beaucoup aimé regarder le terrain derrière la vitre et fouiller dans les armoires. Il leur a laissé un souvenir de son passage : des dizaines de petites traces de main sur la vitre, qui était immaculée à notre arrivée.

***

Dans sa lettre, le Dr John ajoutait qu'afin de traiter les troubles de communication, il fallait nécessairement en connaître les causes. Sa conclusion disait : *Le pronostic est positif, mais seulement si l'attention se porte sur les angoisses de Lorcan (et non pas sur son trouble de la parole).*

Grâce à ce courrier, Lorcan a pu être vu par une nouvelle orthophoniste, qui connaissait un peu mieux le mutisme sélectif, et a pu fournir une aide précieuse à son école.

Le Dr John restait très préoccupé par les difficultés persistantes de Lorcan au sein de l'école et estimait que l'Autorité d'éducation devait lui délivrer une « déclaration de besoins éducatifs spéciaux », grâce à laquelle l'école pourrait obtenir un soutien et des financements supplémentaires afin que Lorcan puisse être scolarisé au mieux. Comme je le pensais également, ce soutien serait d'autant plus vital lorsqu'il passerait du primaire au secondaire, une transition que je redoutais, tout particulièrement au vu du traumatisme qu'elle avait constitué pour Adam.

Aussitôt rentrée du rendez-vous, j'ai écrit à l'Autorité d'éducation de Trafford pour leur demander ladite déclaration. Quelques semaines plus tard, je recevais une lettre parfaitement inutile qui commençait par *Chère Madame Dillan*. Ils avaient mal orthographié mon nom.

Le moins qu'on puisse dire, c'est que c'était un mauvais début. Elle continuait : *D'après le Code de pratique des besoins éducatifs spéciaux, un diagnostic médical de handicap n'implique pas nécessairement que l'enfant ait des besoins éducatifs spéciaux.* En d'autres termes : allez vous faire voir !

Vous vous imaginez envoyer ce type de courrier à une mère inquiète ? Naturellement, ils n'avaient pas fini d'entendre parler de moi...

Jessi n'était qu'une petite boule de poils
lorsqu'elle a débarqué dans nos vies en 2010…

… mais le coup de foudre
entre elle et Lorcan a été immédiat.

Ma petite canaille dans son uniforme
de castor lors de la journée
des récompenses.

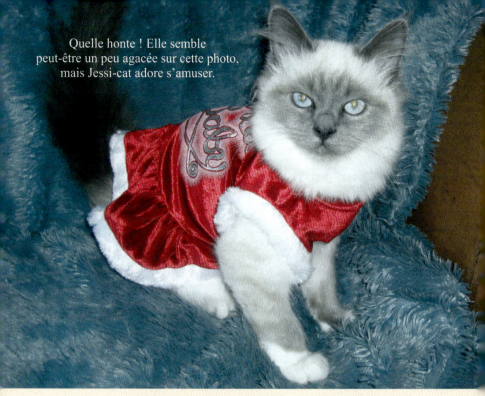

Quelle honte ! Elle semble peut-être un peu agacée sur cette photo, mais Jessi-cat adore s'amuser.

Tu prends les rouges, et moi, les bleus ? Lorcan passe des heures à jouer avec Jessi, et c'est extraordinaire de l'entendre discuter avec sa compagne adorée.

Je ne suis pas sûre qu'elle apprécie le trampoline, mais elle suit Lorcan où qu'il aille !

Et Lorcan n'est pas le seul à jouer avec Jessi ! Le voici avec son frère, Luke… Deux fois plus d'ennuis pour Jess !

Lorcan et son ombre… Jessi-cat a remporté le prix mérité du « chat de l'année 2012 » décerné par l'association Cats Protection.

Le duo terrible et moi, au retour de la cérémonie de remise des prix.

Notre cher « Ange aux gènes bleus ».

Jessi-cat donne un coup de main (ou de patte) au DJ !

Nul n'est à l'abri quand Jessi est en chasse…

… mais elle et la chienne Lily ont toutefois signé une « trêve ».

« Non, Lorcan, je ne sais pas du tout ce que je fais sur la télé. D'ailleurs, elle n'est même pas confortable. »

À l'intérieur comme à l'extérieur, ils sont inséparables.

Le lien qui unit Lorcan à Jessi est extraordinaire. Elle a changé sa vie de bien des façons. Il s'agit bel et bien d'un ange !

7

Trois petits mots

Un après-midi, six mois environ après que nous avions eu Jess, j'étais assise dans le salon à lire un magazine, et Lorcan s'amusait tranquillement par terre avec la chatte et son jouet à plumes préféré. Tout à coup, j'ai entendu Lorcan prononcer une phrase stupéfiante :
— Je t'aime, Jessi.
Puis il a ajouté :
— Tu es ma meilleure amie.
Je n'en croyais pas mes oreilles ; j'en avais les larmes aux yeux. C'était la première fois que je l'entendais dire ces trois petits mots, et le fait qu'ils ne me soient pas adressés était le cadet de mes soucis.
Comme je l'ai dit, Lorcan a toujours été incapable d'exprimer ses émotions. Il ne me dira jamais qu'il m'aime, et je l'accepte. Il exprime son amour des façons les plus insolites : il me téléchargera par exemple un jeu sur mon iPad ou m'apportera un

biscuit quand je prends une tasse de thé. Mais je sais qu'il m'aime, alors, je n'ai pas besoin qu'il me le clame. Il n'empêche que l'entendre le dire à Jess m'a laissée bouche bée. C'était si mignon.

J'ai senti une vague d'émotion m'envahir. Je débordais de bonheur pour lui, parce qu'on ne peut pas garder éternellement ses sentiments sous clé. Ce n'est pas bon d'enfermer tout en soi, et je suis certaine que cela peut avoir des répercussions plus tard. Il faut apprendre à exprimer ses émotions, que ce soit en piquant une crise de colère ou plus calmement.

Une partie de ma surprise provenait du fait que Lorcan zappe toujours les mots gnangnan quand il lit, ou les remplace par un terme moins embarrassant. Il fait de même avec les prénoms des filles (il les trouve ridicules) et se cache les yeux s'il voit deux personnes s'embrasser à la télé (même les personnages de Disney). L'entendre dire à Jessi qu'il l'aimait était donc une première. Ce moment a été, et reste pour nous, un événement majeur. Il nous sert de référent pour lui enseigner les émotions, ce qui est très important pour son équilibre psychique.

On m'a souvent demandé comment je vivais le fait qu'il puisse dire « Je t'aime » au chat, mais pas à moi. Honnêtement, je ne vois pas les choses de cette façon. Je me dis juste qu'il est sain pour lui de pouvoir exprimer son amour pour Jess, étant donné qu'il en est incapable avec les gens. Mon espoir est qu'un jour il apprenne à faire de même avec les gens, ou du moins qu'il comprenne que c'est ainsi qu'on interagit dans la vie, en exprimant certains sentiments, qu'ils soient sincères ou pas, ou en réagissant d'une certaine manière. Lorcan n'a pas les réactions que la société attend de nous, parce qu'il ne se met pas à la place des gens. Sauf avec Jess.

Si la chienne la pourchasse et que Jessi miaule, même si elles jouent, Lorcan disputera Lily, parce qu'il sait que Jess est plus petite, plus fragile et qu'il faut la protéger. Sa relation avec elle lui a donc appris à considérer une situation d'un autre point de vue que le sien.

Un autre trait qu'il partage avec beaucoup d'autistes est l'incapacité à ressentir de l'empathie pour la détresse ou la douleur d'autrui. Un jour, je suis tombée dans l'escalier et, bien que je ne me sois rien cassé, je me suis tout de même fait mal à la cheville. J'étais affalée au bas de l'escalier et je hurlais de douleur.

Luke et Lorcan étaient tous deux dans le salon, à deux mètres de moi. Eh bien, Luke est arrivé en courant voir ce qui se passait, mais Lorcan n'a pas bougé d'un pouce et a continué à jouer sur son iPad. Ça lui était passé au-dessus de la tête.

C'est une conséquence de l'Asperger : Adam aurait réagi de la même façon à son âge. Aujourd'hui qu'il est grand, il a appris comment réagir si quelqu'un se blesse ou a un problème. Dernièrement, il est allé à Édimbourg avec un ami, et cet ami a fait une crise d'épilepsie. Adam a dû gérer la situation, s'occuper de son ami et appeler une ambulance. Il savait quelle réaction adopter et il a fait ce qu'il fallait.

Les gens croient souvent que les autistes ne ressentent aucune empathie. C'est ce que je me disais, en particulier ce jour-là, étendue au bas des marches. J'étais vraiment troublée et un peu choquée qu'il reste de marbre.

Mais ce n'est pas qu'ils n'éprouvent pas d'empathie : c'est juste qu'ils ne peuvent pas l'exprimer et qu'ils ignorent quelle réaction adopter. Cette description correspond bien à Lorcan.

Imaginons qu'il me donne un coup de pied sans faire exprès, il se contentera de rire. Il ne s'excusera pas ou ne se demandera pas s'il m'a fait mal, alors que Luke dira automatiquement : « Oh, je suis désolé, maman. Ça va ? » Mais s'il est avec Jess, ça change tout. S'il la bouscule, il lui dit : « Excuse-moi, Jess. Je suis désolé », et puis il lui fait une caresse et lui parle. Il n'y a qu'avec la chatte qu'il se comporte ainsi. Il a probablement appris cela auprès de Luke ou d'autres personnes, mais il n'agit pas encore de la sorte avec les gens.

Cela dit, il a tout de même retenu une chose de cet incident dans l'escalier, ne serait-ce que le moyen de me flanquer une peur bleue. Un après-midi, j'étais dans la salle de bains à l'étage quand j'ai entendu un grand badaboum. Je suis sortie en hâte voir quelle catastrophe lui était arrivée et je l'ai trouvé étendu au pied de l'escalier. J'ai descendu les marches quatre à quatre pour vérifier s'il allait bien, et là, le petit monstre a éclaté de rire. Il s'était volontairement couché au bas de l'escalier pour me jouer un tour !

Après qu'il a dit une première fois à Jess qu'il l'aimait, il le lui a répété régulièrement.

Il est par exemple en train de jouer par terre avec elle, et, tout à coup, de but en blanc, il lui dit :

— Je t'aime, Jess.

Il lui demande comment elle va et lui raconte ce qu'il fait d'une voix très douce. Il la caresse et l'embrasse, une chose qu'il ne fera jamais avec moi.

Durant les mois qui ont suivi cette première déclaration d'amour, à mesure que je le regardais se comporter avec notre magnifique chatte, j'ai commencé à réaliser combien cette relation était spéciale à ses yeux.

Le lien qui unissait ce petit garçon à son animal était terriblement touchant et amenait la larme à l'œil. Lorcan se sent clairement à l'aise avec Jess (ce qui n'est pas toujours le cas avec les gens), et il lui est dévoué. Jessi est très réceptive. Elle miaule en conséquence et frotte sa tête contre Lorcan ou ses jouets. Elle vient l'accueillir à la porte à son retour de l'école et frotte parfois son nez contre le sien.

Si Lorcan est triste, il ira chercher du réconfort auprès de Jess. Il fait une moue et dit comme ça :

— Je veux Jessi.

Après quoi, il va la chercher et lui fait des mamours. Il agit de même s'il craint d'être grondé. Lorcan est très sensible aux sourires et il ne comprend pas quand quelqu'un le dispute. Si on lui parle d'une voix sévère, il croit qu'on lui crie après, même si ce n'est pas le cas.

Je me dis parfois que Lorcan remarque peut-être plus facilement les réponses sonores de Jess que les réactions plus subtiles de la chienne et que, par conséquent, elles le touchent davantage. Cela explique peut-être qu'il réagisse différemment aux deux animaux.

***

L'été qui a suivi l'arrivée de Jess, Adam a dû subir une opération. Dave a emmené Luke et Lorcan en Irlande pour un long week-end afin qu'Adam puisse récupérer au calme quand il est sorti de l'hôpital.

Il y était déjà allé seul avec Luke, mais jamais avec les deux. Cette fois, Lorcan n'a pas poussé de cris sur le ferry, et tous deux ont été sages.

Lorcan est parfois un petit monstre, mais Luke s'occupe très bien de lui. En outre, Lorcan connaissait un peu mieux la branche irlandaise de la famille, qui est adorable avec lui. Il ne parlait pas aux gens directement, mais discutait sans problème en leur présence, et il a vraiment passé un bon week-end.

Dave est allé avec les garçons rendre visite à sa sœur Marie Louise, qui venait d'avoir un bébé. À un moment donné, Dave s'est rendu compte que Lorcan avait disparu.

Il s'est mis à le chercher et l'a trouvé en train de prendre ses aises dans la chambre du bébé, explorant la pièce et examinant les jouets du petit.

C'était la première fois que Lorcan partait sans moi ; aussi, à leur retour, j'étais impatiente de le revoir. Luke m'a serré dans ses bras, mais Lorcan, lui, a filé tout droit vers les animaux et lancé :

— Bonjour, Jessi. Bonjour, Lily !

Il a pris Jessi et lui a fait un câlin…, puis m'a finalement remarquée et adressé un grand sourire.

Nous avions décidé d'occuper le reste des congés d'été en faisant de petites sorties en famille. Un jour d'août radieux, nous avons donc emmené les garçons au zoo de Blackpool. Nous avons vu tous les animaux et passé un bon moment, et Lorcan les a tous adorés, mais il a tissé un lien particulier avec une certaine créature marine.

Alors que nous étions près du bassin des otaries, je me suis retournée et l'ai trouvé en train de scruter par la vitre. Une magnifique otarie s'était approchée et restait là à le regarder dans les yeux. Lorcan était aux anges, et sa frimousse faisait plaisir à voir : il souriait jusqu'aux oreilles.

Lors d'un voyage à Londres, nous sommes tombés sur un homme costumé en Dark Vador (célèbre personnage de *Star Wars*, pour ceux qui l'ignoreraient encore !). Luke a posé près de lui, un sabre laser à la main, et Lorcan, qui refuse habituellement de se faire photographier avec quelqu'un de costumé, a foncé sur le sabre laser. Il s'est alors mis à croiser le fer avec Dark Vador. Le pauvre homme a dû demander à Lorcan de « faire semblant » de se battre, car il portait de grands coups de sabre. Il n'empêche qu'il s'est bien amusé.

***

Mme Stevens ayant été affectée à la classe de cinquième année, je continuais de m'inquiéter pour le passage de Lorcan en deuxième année. Mais je m'inquiétais pour rien. La nouvelle institutrice de Lorcan, Mme Carvajal, s'est révélée formidable.

Le programme instauré pour Lorcan prévoyait trois séances d'enseignement hebdomadaires en tête-à-tête ou avec quelques élèves.

Mme Carvajal s'est investie corps et âme dans ce programme, et Lorcan a commencé à réaliser des progrès spectaculaires. La nouvelle orthophoniste nous rencontrait régulièrement, l'équipe enseignante et moi, et était toujours disponible pour répondre à nos questions. Tout fonctionnait à merveille.

À dire vrai, il progressait si vite qu'il a même sauté des étapes du programme.

En raison de nos craintes que Lorcan soit également autiste (ce dont j'étais convaincue depuis des années), le Dr John m'avait adressée au CAMHS, le service de santé mentale de l'enfance et de l'adolescence.

On m'a remis un formulaire à remplir. Il s'agissait d'une liste des symptômes de l'autisme et je devais cocher les cases si mon enfant présentait ces traits.

Je savais lesquelles cocher pour maximiser mes chances d'être prise en charge, mais, comme je ne voulais pas gruger le système, je l'ai rempli honnêtement. Ils ont refusé de rencontrer Lorcan et ont immédiatement « fermé le dossier ».

Furieuse, je leur ai renvoyé une longue lettre

dûment référencée détaillant les raisons pour lesquelles ils devaient recevoir Lorcan : il était atteint d'un grave trouble de l'anxiété ; il continuait de souffrir de mutisme sélectif à l'école ; son frère avait été diagnostiqué Asperger, etc. La lettre s'étirait sur quatre pages. Je m'étais bien documentée et les bombardais de renvois à des études récentes sur le mutisme sélectif et ses liens avec l'autisme.

J'y écrivais :
D'après les travaux de Craig (1993), « un nombre croissant de recherches indiquent que les enfants atteints de troubles du langage (dont le mutisme sélectif) souffrent fréquemment de lacunes en matière d'interactions sociales ». Une étude de Ford et al. (1998) a montré que « les interactions interpersonnelles, le développement social et émotionnel et les performances académiques comptent parmi les domaines à surveiller chez un enfant atteint de mutisme sélectif ».

Je soulignais l'effet dévastateur de son incapacité à communiquer verbalement sur ses capacités d'apprentissage et de socialisation et concluais en citant une autre étude récente : « *L'ensemble des professionnels, et particulièrement les psychologues du CAMHS, doivent être mieux informés sur le mutisme sélectif et son traitement (Roe, 2011).* »

En octobre, nous recevions un courrier du CAMHS nous proposant un rendez-vous le mois suivant. Nous devions rencontrer le psychologue consultant clinicien. Quand j'entre dans son bureau, le petit comique me sort :

— Je suppose que c'est votre mari qui a rédigé cette lettre ?

Quel culot ! Non, ce n'est pas lui ! Quoi qu'il en soit, il s'est montré très aimable. Il a reconnu que Lorcan présentait des signes du syndrome d'Asperger et l'a placé sur la liste d'attente de la « filière neurodéveloppementale ».

Il s'agit d'une nouvelle initiative destinée aux enfants susceptibles d'entrer dans le spectre autistique, à laquelle participent des pédiatres, des orthophonistes, des psychiatres et des psychologues qui suivent l'enfant et décident ensemble des moyens les plus efficaces de répondre à ses besoins en matière de développement et d'éducation.

Comme je l'ai dit, la majorité des professionnels ne sont pas formés pour soigner le mutisme sélectif (voire l'identifier). C'était le cas de mon propre mari : David n'avait malheureusement jamais entendu parler de ce syndrome avant que nous y soyons confrontés. Aussi, lorsque j'ai vu sur le site de la SMIRA que la ville voisine d'Oldham proposait une formation, l'info a retenu mon attention. Le cours était dispensé par Maggie Johnson, une orthophoniste, grande spécialiste du mutisme sélectif et auteur de la bible sur le sujet. Ses premiers travaux avec des enfants atteints de MS remontent aux années 1970, et elle tient aujourd'hui des séminaires dans tout le pays.

J'aurais beaucoup aimé assister à cette formation, mais elle coûtait relativement cher. Nous avons donc jugé plus logique que ce soit Dave qui y aille. Il se peut qu'il reçoive un jour un patient atteint de ce problème.

La formation a duré une journée, et Dave a appris énormément de choses sur le mutisme sélectif. Le cours s'est suivi d'une séance de questions-réponses. Dave a trouvé cela très utile et a pris des notes afin de me faire un topo.

À l'heure actuelle, il a justement un patient atteint de MS, et c'est intéressant, car la maman du petit m'a téléphoné et nous avons pu discuter. Mais je me demande combien d'autres enfants souffrent littéralement en silence sans que leur syndrome soit reconnu.

En avril 2012, Lorcan a été vu à l'école par la psychologue scolaire. Curieusement, il a réussi à lui parler, mais seulement en chuchotant, et a fait des réponses plutôt étranges à ses questions. Il ne savait pas où mettre ses mains au début, puis s'est calmé quand elle l'a laissé faire des dessins.

Pendant qu'elle lui parlait, Lorcan a commencé à farfouiller dans le sac de la psychologue. Et lorsqu'elle lui a demandé s'il l'aimait bien, il lui a clairement fait comprendre que non… Tout cela sans se départir à aucun moment de son sourire de petit ange !

Après cette évaluation, elle a déclaré que Lorcan ne semblait pas susceptible d'éprouver des difficultés d'apprentissage. Mais, très souvent, les enfants atteints d'Asperger interprètent mal les consignes qu'on leur donne à l'école ou les questions d'examens. On le remarque moins facilement en primaire, mais cela peut devenir très problématique en grandissant, notamment lors des épreuves du GSCE et des *A-levels*[1].

***

Vers la fin des vacances de Noël, Lorcan a commencé à montrer des signes croissants d'angoisse et de stress. Il me demandait constamment combien de jours il restait avant la rentrée. Puis il a commencé à me dire qu'il ne voulait pas retourner à l'école. Ça ne lui ressemblait pas du tout.

La question revenait sans cesse. Mais nous avions beau insister, il n'arrivait pas à nous dire ce qui le tracassait.

L'avant-veille de la rentrée, alors que nous tentions depuis plusieurs jours de lui faire expliquer son problème, il a soudain éclaté en larmes.

— Je veux pas aller à l'école, a-t-il dit. Je veux pas aller à la piscine !

Les cours de natation débutent en troisième année, mais Lorcan s'était mis en tête que, puisque l'on entamait une nouvelle année, il allait passer dans la classe supérieure à la rentrée de janvier. Je lui ai

---

1. Équivalents anglais du brevet des collèges et du baccalauréat.

expliqué qu'il ne changerait de classe qu'après les grandes vacances, l'été suivant, et il a paru rassuré. Mais, à l'évidence, il n'avait pas totalement compris, car il a montré les mêmes signes d'angoisse lors des vacances de Pâques.

C'est un des problèmes qui m'inquiètent. S'il persiste à comprendre de travers quelque chose que nous pensions avoir bien éclairci avec lui, qu'y a-t-il d'autre qu'il ne comprend pas ?

Ses troubles du sommeil ont persisté jusqu'à l'âge de sept ans. Nous avons alors enfin réussi à le faire coucher dans son propre lit, et il a commencé, le plus souvent, à faire des nuits complètes.

Il disposait toujours ses singes en peluche autour de lui, pour le protéger, et il avait en bonus Jess, qui avait pris l'habitude de dormir sur le rebord de sa fenêtre.

C'était mignon et très pratique le soir, car il rechignait beaucoup moins à aller se coucher. En revanche, c'était bien moins idéal le matin.

Comme la plupart des chats, Jess est une lève-tôt, et elle sautait sur le lit de Lorcan aux aurores en réclamant bruyamment son petit-déjeuner. C'était donc une arme à double tranchant. Mais Lorcan adorait qu'elle dorme dans la chambre avec lui.

Jess s'est également prise d'affection pour le matelas gonflable que Lorcan utilise quand il veut coucher dans la chambre de Luke. Nous avons dû le remplacer, car elle avait percé le premier. Elle aime beaucoup nous rejoindre pour l'histoire du soir. Je sais bien qu'elle ne comprend pas, mais on croirait toujours qu'elle écoute.

Lorcan et moi venons d'entamer la lecture des *Harry Potter*. Il lit le premier paragraphe, puis je continue. Mais leur lecture avec Lorcan prend bien plus de temps qu'elle n'en prenait avec Luke, parce qu'il adore m'interrompre et faire des commentaires sur l'histoire.

Il me dit par exemple que Hermione Granger, l'amie sorcière d'Harry, est bête de s'inquiéter. Et souvent, il me coupe pour s'esclaffer quand un détail l'amuse, par exemple quand la tante Pétunia appelle son fils Dudley Dursley son « Dudlynouchet adoré ». Mais il refuse que son père lui fasse la lecture.

— Tu ne sais pas faire les voix comme maman, lui dit-il.

Mais je crois bien avoir trouvé mon maître. La semaine dernière, Lorcan était en train de me lire *Le Club des Cinq et le Trésor de l'île* quand il s'est mis à prendre les voix les plus bizarres qu'on puisse imaginer. Il changeait de voix en fonction des personnages et insistait pour renommer le personnage d'Anne. (« Je l'appelle "Annie" », expliquait-il.) Il a franchement du talent pour changer sa voix et c'est très drôle. En refermant le livre, il m'a regardé, et nous avons tous les deux éclaté de rire !

Au moment où je lui disais bonne nuit, il m'a demandé :

— Je pourrai lire encore en faisant les voix demain ?

J'ai trouvé cela génial, car nous avons beaucoup de mal à obtenir de lui qu'il fasse ses devoirs et tout travail scolaire en général.

Il s'énerve dès qu'il trouve un exercice difficile, et j'ai peur que ses résultats s'en ressentent et qu'il prenne du retard. Aujourd'hui qu'il lit en imitant les voix, il ouvre plus volontiers un livre. En revanche, je crois qu'il n'aimera jamais faire ses devoirs.

Pour le moment, l'école nous dit que son niveau de lecture est satisfaisant (encore que nous n'ayons pas toujours la même conception du satisfaisant). Mais je refuse de le pousser ou de lui prendre un professeur particulier, car je ne veux pas lui mettre la pression. Tant qu'il sait lire, écrire et calculer, il s'en sortira.

Il est si content de me faire la lecture qu'à une ou deux occasions, je l'ai même enregistré pour que ses enseignants l'entendent. Seulement, leur méthode d'évaluation consiste à demander aux enfants de montrer des mots précis pour vérifier s'ils les reconnaissent. Ils peuvent ainsi remplir leurs fiches d'évaluation. Mais je m'en moque, moi, de leurs fiches. Je veux simplement qu'il sache lire correctement.

La lecture n'est pas un problème ; en revanche, il refuse de faire ses devoirs. Luke aussi détestait ça, mais il les faisait tout de même. Il commençait par râler et chouiner un jour ou deux, puis il s'y collait. Lorcan, lui, ne veut même pas prendre un crayon. Pas une seule fois durant tout l'été il n'a eu un crayon ou un stylo à la main, et il refuse obstinément de faire ses devoirs.

Il commence véritablement à entrer dans l'univers d'Harry Potter. Dernièrement, il est rentré de l'école avec les mots JE NE DOIS PAS DIRE DE MENSONGES écrits dans sa paume (comme Harry dans *Harry Potter et l'Ordre du phénix*, quand il est sévèrement puni avec la « plume sanglante »).

Cela montre bien qu'il prête attention, chose qui ne va pas toujours de soi sur le moment, car il fait souvent l'idiot pendant que je lis. Il cache Jess sous la couverture, remue ses orteils pour qu'elle saute dessus et d'autres bêtises du même genre.

Il semble incapable de tenir longtemps en place. Depuis quelque temps, il prend un petit jouet ou quelque chose dans ma boîte à bijoux et le tripote pendant que je lis, et cela fonctionne vraiment bien.

Luke a toujours aimé Harry Potter, et sa passion a déteint sur Lorcan. Il a vu l'intégralité des films, plusieurs fois, et, en mai, pour l'anniversaire de Luke, nous les avons emmenés aux Studios Harry Potter à Londres. Lorcan a adoré l'araignée géante, Aragog, et Dobby l'elfe de maison, mais, ce qu'il a préféré, c'est la moto d'Hagrid le demi-géant, car Luke et lui ont pu s'asseoir dans le side-car.

Ce même mois, nous sommes allés dans le nord de Londres rendre visite au frère de Dave, Mark, sa femme Aga et leur petite fille Hanna. Les parents de Dave étaient venus le voir avec ses sœurs Stephanie et Marie Louise, elle-même accompagnée de sa fille, Aine. Nous les avons donc rejoints pour passer la journée en famille.

Lorcan parlait désormais normalement à l'école ; alors, tout au long du chemin, je ne cessais de me demander comment il se comporterait avec eux.

En plus de la famille de Dave, il y avait la mère d'Aga. Comme il faisait beau, nous avons passé l'après-midi dans le jardin.

Ses deux petites cousines allaient sur leurs deux ans à l'époque et elles étaient très mignonnes et rigolotes. Lorcan a beaucoup aimé les regarder jouer.

À un moment donné, je traversais le salon quand j'ai entendu sa grand-mère qui lui parlait. Elle lui demandait s'il s'amusait et s'attendait sans doute à le voir hocher la tête. À ma grande surprise, il a répondu :

— Oui !

Il ne l'avait pas dit fort, mais assez pour que je l'entende. On progressait !

8

Une star est née

Une nuit de mai 2012, je me tournais et me retournais dans mon lit sans pouvoir trouver le sommeil, puis j'ai décidé de me lever et d'aller tuer le temps sur l'ordinateur. Je suis assez fan des réseaux sociaux. Je passais donc de Twitter à Facebook, et je suis allée faire un tour sur le site d'une association de protection des chats, *The Scratching Post*[1]. Une annonce a attiré mon attention.

L'association Cats Protection était en quête de candidats pour le prix du « chat de l'année ». Il y avait cinq catégories, et ils cherchaient des chats qui avaient rendu service à leurs propriétaires ou à d'autres personnes, soit par un acte héroïque, soit au quotidien. Quand j'ai vu la catégorie « meilleur ami », j'ai tout de suite pensé à Lorcan et Jessi. Je leur ai donc envoyé un mail, expliquant que Lorcan

---

1. « Le griffoir. »

souffrait de mutisme sélectif et que Jess l'avait énormément aidé.

Jess était déjà reine de beauté. En novembre de l'année précédente, elle avait été élue « ambassadrice Dreamies » dans un sondage lancé sur Facebook par la marque de friandises pour chats Dreamies.

Elle avait gagné une photo encadrée, un carton de jouets et de friandises, et était également apparue sur leur calendrier 2012.

Mais le concours en question offrait bien plus que de jouer la pin-up de calendrier.

Le lendemain, j'ai lu certaines des autres candidatures : elles narraient toutes en détail les éblouissants exploits de ces chats. L'un d'eux avait fait fuir un cambrioleur, une autre avait sauvé sa maîtresse d'un coma diabétique, et il y avait également un chat de gouttière borgne devenu star du grand écran. Jess n'avait pas l'ombre d'une chance face à ces formidables félins, et je me disais que l'association préférerait sans doute un chat des rues à un chat de race.

Mais, quelques semaines plus tard, j'ai reçu un coup de fil d'une dame de Cats Protection. Elle m'a dit qu'ils avaient adoré mon histoire et qu'ils voulaient en savoir plus. La candidature de Jessi-cat avait été présentée au jury, qui était en train de sélectionner les finalistes de chaque catégorie. Elle m'a aussi demandé si j'accepterais de me prêter à des « opérations publicitaires raisonnables ».

J'ai répondu oui sans réfléchir à ce que cela signifiait.

— Seriez-vous prête à venir à Londres pour la cérémonie de remise des prix dans l'éventualité où Jessi-cat serait sélectionnée ?

— Oui, bien sûr, avais-je répondu, toujours persuadée que nous n'avions pas l'ombre d'une chance d'être qualifiés.

Quelque temps plus tard, nous sommes partis sur l'île galloise d'Anglesey passer une poignée de jours en famille, et cette histoire de concours m'est complètement sortie de la tête. À notre retour, à la mi-juin, j'ai trouvé un mail de l'association en ouvrant ma boîte de réception. On m'indiquait qu'on avait essayé de me joindre, car Jess était qualifiée pour la finale !

J'étais abasourdie, car je n'imaginais franchement pas aller jusque-là, mais c'était une nouvelle formidable.

L'association a préparé un dossier de presse et fixé un rendez-vous pour qu'un photographe passe prendre des photos, ainsi qu'une équipe de tournage, qui filmerait Lorcan et la chatte sur le vif et m'interviewerait pour leur site Internet. Nous avions convenu du mercredi 27 juin pour le tournage. Le lendemain, le photographe m'a téléphoné : il ne pouvait pas venir le mercredi et préférait le vendredi.

Comme une idiote, j'avais lu les mails à moitié et compris, suite au coup de fil, que tout le monde viendrait le vendredi. Aussi, quand mercredi est arrivé, je suis allée au supermarché, puis j'ai fait les boutiques pour trouver du tissu et recouvrir mes chaises de salle à manger. En rentrant, j'ai accroché des rideaux et, avant de commencer à découper le tissu pour mes chaises, j'ai fait une pause pour prendre un en-cas.

Là, j'ai remarqué une grande camionnette garée depuis un moment devant la maison, mais j'ai continué de déjeuner. Et puis j'ai allumé l'ordinateur pour vérifier mes messages, et mon cœur a failli s'arrêter quand le premier mail s'est ouvert : il était écrit *Tournage d'aujourd'hui* dans la barre de sujet ! Depuis tout ce temps, l'équipe attendait dehors, et j'avais à peu près une demi-heure pour ranger mon bazar, récupérer Lorcan à l'école et m'arranger avant de passer devant la caméra.

Je suis aussitôt sortie leur expliquer que je pensais qu'ils venaient tous vendredi. Heureusement, l'équipe a été adorable et m'a répondu que rien ne pressait, mais c'était trop tard, car j'étais déjà en panique totale.

En y repensant, je me dis que ma folle cavalcade était finalement un mal pour un bien, car j'étais si occupée à passer l'aspirateur, cacher les sacs de courses dans les placards, garder un œil sur Jessi et me mettre un brin de rouge à lèvres que je n'ai pas eu le temps d'angoisser.

Lorcan et Jess ont adoré le tournage, et l'équipe avait eu la bonne idée d'acheter des bonbons pour les enfants, ce qui a certainement aidé. Jess n'arrêtait pas de fureter, de renifler les caméras et de caresser le matériel. Lorcan, lui, est resté silencieux, mais il était très souriant et visiblement content de montrer Jessi.

Comme toujours, fasciné qu'il est par les « trucs intéressants », il n'a pas pu s'empêcher de tripoter les équipements, et le caméraman (un modèle de patience), l'a laissé éteindre et rallumer la caméra. Il a aussi demandé à Lorcan de lui faire un signe avec le pouce si l'interview était réussie : Lorcan ne s'est pas fait prier.

Deux jours plus tard, le photographe est venu. Jessi a posé comme une professionnelle, et Lorcan lui a fait son plus beau sourire.

La séance photo lui a visiblement plu. Mais il a bien failli causer une crise cardiaque au photographe quand il a mis la main sur un de ses objectifs.

— Rends ça au monsieur, Lorcan, lui ai-je dit. Ce verre doit coûter une fortune !

Le photographe, qui était devenu blême, s'est empressé de récupérer l'objectif et de le ranger en lieu sûr.

En juillet, ITV Granada a lu le dossier de presse et souhaité à son tour réaliser un reportage. J'étais terrorisée. Le tournage pour l'association était une chose, mais, là, c'était différent : tout le monde, famille, voisins et amis, nous verrait à la télé.

Malgré un stress horrible, j'ai accepté, et Paul Crone, le présentateur de la chaîne chargé du reportage, m'a téléphoné. Paul Crone est avec Granada depuis 1984. Voilà plus de 20 ans qu'il est l'un des visages les plus connus de la chaîne et, pendant tout ce temps, il a collecté plus de 500 000 livres pour divers organismes de charité.

Je craignais que la visite de Paul angoisse Lorcan, mais je m'inquiétais pour rien. Lorcan s'est bien éclaté. Paul est si gentil avec les mômes que Lorcan s'est vite détendu. Il a bien discuté avec lui et, même si Lorcan ne lui répondait pas, il l'a laissé mettre la caméra en marche. Soit dit en passant, le petit filou lui a même chapardé un de ses porte-clés quand il avait le dos tourné.

Ils ont filmé Lorcan en train de caresser Jess et de s'amuser par terre avec elle. Ensuite, Paul l'a fait rigoler comme un fou quand il lui a chatouillé les pieds en lui disant qu'ils « cocottaient ». Lorcan est fou de foot, et Paul a échangé quelques passes avec lui dans le jardin. À un moment, il lui a dit d'envoyer la balle sur lui. Eh bien, Lorcan l'a pris au mot et lui a décoché un gros tir en pleine tête. À deux reprises !

Le lundi précédant la cérémonie, Becky Want a souhaité nous interviewer dans son émission du midi sur BBC Radio Manchester. La chatte nous a accompagnés, mais n'a pas voulu miauler à l'antenne ! Lorcan est resté tout aussi silencieux.

En revanche, il a pris un malin plaisir à faire des grimaces pour me faire rire durant l'interview et à faire grincer son siège. Au moins, sa présence n'est pas passée totalement inaperçue à l'antenne.

***

La cérémonie de remise du prix du « chat de l'année », nous avait-on dit, se tiendrait le 16 août au prestigieux hôtel Savoy de Londres. Le matin du grand jour, Lorcan et moi nous sommes levés de bonne heure afin d'avoir le temps de nous préparer. Je crois que Luke aurait bien aimé nous accompagner, mais il est très bienveillant envers son frère, et il savait que la cérémonie serait son moment de gloire. C'est pourquoi il n'avait pas réclamé de venir.

Luke aurait sa minute sous les projecteurs le lendemain, lorsque je les ai emmenés tous les deux aux studios de télé pour donner une interview et qu'il a dit quelques mots devant la caméra.

Nous avions réservé deux places sur le train de neuf heures. Nous avons retiré nos billets à la gare de Manchester et tout est allé comme sur des roulettes. J'avais pris mon iPad pour que Lorcan s'occupe durant le trajet.

À notre arrivée à Londres, il commençait à me tarder de m'attabler à l'hôtel Savoy, mais Lorcan est si difficile que je savais déjà qu'il toucherait à peine au déjeuner. Je lui ai par conséquent acheté un menu au Burger King de la gare d'Euston. Après quoi, nous avons pris un taxi jusqu'à l'hôtel. Nous étions attendus à 12 h 30 et étions pile dans les temps.

L'hôtel était magnifique. On nous avait conseillé d'emprunter l'entrée côté fleuve (sur la Tamise) afin de ne pas nous perdre à travers le vestibule et les restaurants. Quelqu'un nous attendait à la porte. On nous a remis un programme et conduits à l'étage pour chercher nos badges, puis dans une somptueuse salle de réception aux murs crème et bordeaux et aux épaisses moquettes, ornée de chandeliers dorés. Des groupes de personnes bavardaient ici et là, et des serveurs passaient entre eux avec du champagne et du vin sur des plateaux.

Dans un coin de la salle, une grande pancarte disait Voici les finalistes et au-dessous figuraient des photos en gros plan des chats et de leurs propriétaires. Le visage de Lorcan s'est illuminé lorsqu'il a vu celle de Jess, accompagnée d'un petit texte décrivant leur relation. Le président de Cats Protection, Peter Hepburn, est venu se présenter et nous dire deux mots avant de faire le tour des autres invités.

Nous avons également rencontré les dames de *The Scratching Post*, le site sur lequel j'avais vu l'annonce pour le concours.

Ce sont de vraies crèmes. Une photographe circulait dans la salle et prenait des photos des gens, et mon petit galopin est parti se cacher derrière un rideau pour la surveiller en douce.

Après cette demi-heure à faire connaissance, nous sommes descendus au rez-de-chaussée dans une autre salle, où des tables avec nappes immaculées et couverts en argent étaient dressées pour le déjeuner. Il y avait une scène sur un bord. C'était absolument grandiose, mais Lorcan, fidèle à lui-même, est resté insensible au décor.

À sa place, Luke aurait été surexcité et ne se serait pas tenu tranquille. C'était une réception fabuleuse : le déjeuner était excellent, un délicieux repas à trois services, mais, comme je l'avais deviné, Lorcan n'a rien mangé, excepté la crème glacée en dessert. Nous ne connaissions personne à notre table, mais je discutais avec les autres invités, et en particulier un homme très sympathique qui nous a dit comme ça :

— Je crois bien que vous allez remporter le prix.

Évidemment, je lui ai répondu :

— Ne dites pas de bêtises.

Il s'est alors tourné vers Lorcan et lui a demandé :

— Qu'es-tu en train de boire ?

Lorcan a répondu tout bas :

— Du jus de pomme.

J'étais stupéfaite qu'il ait adressé la parole à un parfait inconnu. Je m'attendais à ce qu'il sourie sans rien dire. L'entendre parler m'a fait plaisir. Seulement, j'étais bien trop tendue ; je pensais : *Mon Dieu ! J'espère que je ne vais pas devoir faire un discours...*

Pour être franche, à cause de cela, mes souvenirs de la cérémonie sont très imprécis. J'angoissais tellement à l'idée d'avoir à monter sur scène et de devoir parler que j'étais plus stressée qu'autre chose.

Parmi les juges figuraient l'acteur comique irlandais Ed Byrne, l'ancienne présentatrice du journal Jan Leeming, et le mannequin Lucy Pinder.

Quant au maître de cérémonie, il s'agissait d'Alan Dedicoat, le célèbre commentateur de *Strictly Come Dancing* et de *The National Lottery : In It to Win It*[1]. À défaut de reconnaître son visage, nous avons donc reconnu sa voix.

La première catégorie primée était la nôtre : celle du « meilleur ami ». Alan a déclaré au public que ce

---

1. Équivalent anglais de *Danse avec les stars*, et célèbre jeu télévisé.

trophée récompensait « ces animaux qui ont témoigné d'un lien exceptionnel avec leurs maîtres ».

Il a ajouté :

— Comme vous le savez, les chats ont cette capacité étonnante à aider les gens, que ce soit à reprendre confiance en eux, à récupérer d'une maladie ou simplement à surmonter la solitude et la déprime.

Il a alors appelé l'un des membres du jury, Rick Wakeman, le claviériste du groupe Yes, qui est monté sur scène et a commencé à parler du vainqueur.

À mesure qu'il expliquait, je me disais : *Hou ! ça pourrait bien être nous*. Mais ç'a tout de même été une surprise lorsqu'il a annoncé :

— Mesdames et messieurs, la gagnante est Jessi-cat.

Une vague de « ah ! » d'admiration s'est fait entendre dans la salle de la part des amis des chats au moment où la photo de Jess apparaissait sur un large écran derrière Rick.

Il a enchaîné avec un discours sur Jess, et son résumé de l'impact qu'elle avait eu sur nos vies était parfaitement juste.

— Les trois chats en lice ont rendu d'immenses services à leurs maîtres et maîtresses, mais mon vote a été à Jessi, a-t-il expliqué. Il existe un lien fantastique entre Jessi-cat et Lorcan, qui a eu un impact éminemment positif sur la vie de Lorcan, à l'école comme à la maison. Jessi l'aide à communiquer et à exprimer des émotions qu'il n'aurait pas pu exprimer autrement.

Lorcan a réagi très calmement. Il n'a pas fait de bonds ni hurlé, il s'est contenté de se lever, d'enfiler son sac à dos et de me suivre sur le podium. J'ignore pourquoi il s'est senti obligé de prendre son sac : soit ce geste le rassurait dans cette situation inhabituelle, un peu comme s'il serrait son doudou, soit il pensait que la cérémonie s'arrêtait là et que nous rentrerions directement chez nous après avoir récupéré le prix.

Je tremblais comme une feuille en arrivant sur scène ; Lorcan, lui, était d'un calme absolu. Quand Rick m'a remis ce lourd trophée de verre, j'ai bredouillé :

— Dois-je faire quelque chose ?

— Non, c'est bon, m'a-t-il répondu en souriant, ce qui m'a un peu détendue.

À mon soulagement, nous n'avions pas à parler : une chance, car j'étais terrifiée. Lorcan semblait très content. Il posait pour les photos entre Rick et moi, le sac au dos et souriant à tout le monde.

Nous sommes retournés à notre table, et Lucy Pinder a remis le prix de la bravoure à un chat nommé Charley, qui avait donné l'alerte après que sa maîtresse diabétique s'était écroulée au beau milieu de la nuit.

Puis Ed Byrne a décerné celui de la plus incroyable histoire à un minou qui avait réchappé à l'attaque d'un horrible chien (en perdant tout de même une patte). Ensuite Jan Leeming a remis le prix du sauvetage exceptionnel à la propriétaire de Phoenix, qui avait survécu étant chaton à d'atroces brûlures.

Pendant le long et très éloquent discours de Jan, j'ai remarqué un homme qui nous regardait en souriant. Je me suis tournée et j'ai vu que mon petit garnement de sept ans faisait les grimaces les plus hideuses qui soient à la présentatrice. Visiblement, il commençait à s'impatienter.

Le jury a décerné le prix du « chat célèbre » à Simon Tofield, pour son personnage « Simon's Cat », héros de la série du même nom, puis le moment est arrivé de récompenser le grand vainqueur.

Le président Peter Hepburn a simplement annoncé :

— Cette année, le prix du « chat de l'année » est attribué…

Il a marqué un temps.

— … à Jessi-cat.

Il y a eu des applaudissements, puis on nous a demandé de remonter sur scène. J'étais franchement surprise. Remporter la première récompense était déjà inattendu, mais, lorsqu'ils ont annoncé que Jessi avait gagné le grand prix, nous n'en avons pas cru nos oreilles.

Cette fois, Lorcan s'est montré moins timide : il a couru devant moi et s'est saisi du trophée en forme d'étoile qu'on lui tendait. Puis il est resté un moment sur la scène en souriant aux photographes.

La cérémonie terminée, on nous a fait passer dans une autre salle, où nous avons pris des photos avec les trophées à la main, en compagnie des jurés, et on m'a également interviewée devant une caméra.

Lorcan était sage comme une image : il prenait la pose et souriait sur commande. Pour ma part, j'avais encore beaucoup de mal à croire que nous nous retrouvions là à cause d'un chat. Mais je me réjouissais pour Lorcan, car il adore Jess et parce qu'il avait vécu une journée extraordinaire.

Après la cérémonie, Simon Tofield et sa femme Zoe sont venus nous féliciter et se sont assis un moment avec nous. Simon a été très gentil avec Lorcan et lui a fait un magnifique dessin dédicacé de son célèbre chat dans son carnet de croquis.

Ils lui ont demandé sa date d'anniversaire et, comme ils sortaient justement un nouvel album en septembre, Zoe a noté l'adresse de Lorcan.

Le mois suivant, nous avons trouvé dans la boîte aux lettres une jolie carte d'anniversaire personnalisée de la part de Simon et Zoe, avec un splendide dessin de Jess. Lorcan était aux anges ! Il m'a demandé de la faire plastifier.

Quelques semaines plus tard, Lorcan a reçu leur nouvel album, avec un autre dessin dédicacé de « Simon's Cat » et de Jessi. Lorcan raffole de ce livre. Il l'ouvre souvent et y découvre chaque fois un nouveau détail. Certains dessins le font beaucoup rire.

***

Nous sommes rentrés en pleine heure de pointe, et les billets de train n'étaient vraiment pas donnés, mais j'ai tout de même pris des places en première afin que Lorcan ait plus d'espace pour se reposer. On nous avait couverts de cadeaux tout l'après-midi et nous en avions plein les bras : les deux lourds trophées en verre, qu'on nous avait mis dans des boîtes, une photo encadrée de Jess, un gros bouquet de fleurs, une quantité de jouets pour Jess et trois mois de réserve de litière fournis par Verdo, le sponsor de la cérémonie, sans compter les sachets de nourriture pour chats. Je trimballais aussi mon grand sac avec un gilet, l'iPad et des biscuits pour Lorcan.

Nous étions vraiment chargés. Lorcan a traversé toute la gare en portant deux petits sacs de Cats Protection ainsi que mes fleurs, puis, une fois arrivés devant les quais, nous avons grimpé l'escalier jusqu'à la salle d'attente de la première classe pour nous poser. Comme il n'y avait plus de sièges libres dans l'espace détente, nous avons dû aller nous asseoir dans l'espace repos, mais Lorcan, qui était resté sage toute la journée, mourait d'envie de se défouler et je devais sans cesse lui répéter de se taire. Au bout d'un moment, j'en ai eu assez. Nous sommes donc sortis marcher à l'extérieur de la gare. Il faisait un temps magnifique, et Lorcan s'est dépensé dehors jusqu'à ce qu'il soit temps de monter dans le train.

Il était 19 heures et nous étions un jeudi soir : le train était donc rempli d'hommes et de femmes d'affaires. Nous avons engagé la conversation avec un passager très sympathique. Il a posé plein de questions à propos de la cérémonie, et Lorcan n'arrêtait pas de parler. J'étais super contente, même s'il ne s'adressait pas directement au monsieur.

Comme nous sommes rentrés à la maison très tard (à plus de 22 heures), il restait juste assez de temps pour prendre un bain rapide et filer droit au lit.

Mais, naturellement, Lorcan a d'abord tenu à annoncer à Jessi-cat qu'elle avait gagné. Il a lâché la nouvelle avec beaucoup de flegme, puis a collé son visage contre le sien et a dit avec un grand sourire :

— Tu as gagné Jessi, tu as gagné.

Il a alors disposé les deux trophées et tous les cadeaux que nous avions rapportés autour, et lui a montré les jouets.

Lorsque je repense à ce jour spécial, je me rends compte qu'il a manifestement marqué un autre tournant dans la vie de Lorcan. Tout me porte à croire que ce concours, cette journée à Londres et le trajet en train ont eu un effet bénéfique sur Lorcan.

Ce moment où Lorcan a répondu tout bas à l'homme qui lui demandait ce qu'il buvait me revient constamment en mémoire. Depuis ce jour, les choses n'ont cessé d'aller mieux. J'ignore qui était cet homme (ma foi, il était peut-être bien connu…), mais je suis vraiment heureuse que nous ayons pu lui parler !

9

Célébrité féline

Alors que nous revenions de Londres, j'ai reçu un coup de fil de la BBC me proposant de participer à l'émission télé *Breakfast* le lendemain matin. Nous avions déjà une interview de programmée sur BBC Radio 5 Live, mais les deux studios étant situés au même endroit, j'avais accepté.

Ils voulaient que j'apporte Jess. J'avais répondu qu'il nous faudrait un espace fermé pour pouvoir la sortir de sa caisse de transport, vu que nous resterions un petit moment sur place.

Comme c'étaient les grandes vacances et que j'avais laissé Luke à la maison la veille lors du voyage à Londres, j'avais demandé qu'il puisse nous accompagner pour les interviews.

Cela dit, je ne l'emmenais pas seulement pour lui faire plaisir : Lorcan est tantôt sage comme une image, tantôt un vrai petit démon, et Luke parvient souvent à le distraire et l'empêche de faire des bêtises.

Nous devions nous lever aux aurores pour arriver à 7 h 30 à MediaCityUK, l'immense quartier de Manchester hébergeant entre autres les studios de la BBC. Après notre retour tardif de la veille, ç'a été la croix et la bannière pour réveiller Lorcan, mais nous avons finalement réussi à le tirer du lit, à l'habiller, à faire entrer Jess dans sa caisse et à mettre les voiles. Une chance que j'aie une bonne coiffeuse, car je n'avais pas eu le temps de me laver les cheveux et, malgré cela, mon brushing d'il y a deux jours tenait encore.

Dave nous a conduits jusqu'à MediaCityUK, mais nous avons un peu tourné en rond sur place et pris du retard. Nous sommes arrivés tout juste à temps pour l'émission de radio. Le producteur nous a envoyés illico à l'antenne. Luke et Lorcan ont pu s'asseoir devant un micro et mettre un casque. L'expérience leur a beaucoup plu, même si Lorcan n'a pas dit un mot de toute l'interview.

Ensuite, nous sommes restés assis un moment dans le studio tandis qu'une journaliste présentait le journal, puis qu'un autre se chargeait de la page « sports ». Ç'a été une occasion fantastique pour les garçons de voir comment fonctionne une station de radio, et ils ont passé un excellent moment.

Le journal terminé, on nous a installés dans les loges pour y attendre notre passage dans l'émission *Breakfast*. Après m'être assurée que la porte était fermée, j'ai laissé Jessi sortir de sa caisse et faire le tour de la pièce.

Les loges disposaient de confortables fauteuils et d'un écran de télé sur lequel nous pouvions suivre l'émission en direct dans le studio voisin.

On nous avait servi du thé et du café sur une petite table, ainsi que des fruits et des croissants, et les garçons ont pu prendre leur petit-déjeuner pendant que Jess explorait les lieux. Elle a réussi à grimper sur un rebord de fenêtre et s'y est installée pour contempler la vue.

À l'occasion, quelqu'un venait s'asseoir avec nous, mais, le plus souvent, nous avions les loges pour nous seuls. Personne ne voyait d'objection à ce que Jessi se balade librement, et tout le monde semblait beaucoup l'apprécier. Un homme a même demandé s'il pouvait la prendre en photo, car sa petite copine adorait les chats et il trouvait Jessi magnifique.

Pour ma part, j'étais trop stressée pour avaler quoi que ce soit de l'excellent festin. Je n'avais encore jamais mis les pieds sur un plateau de télé et j'imaginais qu'il grouillait de monde.

Alors qu'il n'avait pas dit un mot à l'antenne, Lorcan n'a pas arrêté de discuter dans les loges, même quand un couple est venu s'asseoir avec nous.

À un moment donné, Jess s'est approchée de la porte, et Lorcan m'a souri malicieusement en posant la main sur la poignée, comme pour la laisser sortir.

La petite terreur m'avait entendu dire que nous devions prendre garde à ce qu'elle ne s'échappe pas quand quelqu'un entrerait, sans quoi elle irait faire sa folle dans tous les studios.

Au bout d'un moment, on nous a conduits au maquillage et nous avons dû remettre Jess dans sa caisse. Lorcan s'est installé sur une chaise et on lui a passé un pinceau sur le visage, mais, étonnamment, il s'est laissé faire. Luke, qui n'était pas censé nous accompagner sur le plateau, ne s'est pas fait maquiller.

Une fois que nous avons été prêts, on nous a emmenés nous asseoir à l'extérieur du studio : nous étions les prochains à passer, et j'étais morte de trac. Lorcan, lui, était sage comme une image. Il se contentait de murmurer par moments à l'oreille de Luke.

Et puis on nous a appelés : c'était à nous ! J'ai sorti Jess de sa caisse et l'ai prise dans mes bras, puis j'ai demandé si Luke pouvait nous accompagner dans le studio pour regarder. Je ne voulais pas le laisser seul dans les loges.

La taille réduite du studio m'a vraiment surprise : il y avait simplement un long canapé rouge où étaient assis les présentateurs, Charlie Stayt et Louise Minchin, plus un caméraman et le producteur. Charlie et Louise nous ont fait signe d'approcher, et nous sommes allés nous asseoir avec eux. Charlie a alors aperçu Luke près de la porte et a demandé qui c'était.

— Viens avec nous ! lui a-t-il dit.

J'ai trouvé cela vraiment gentil de sa part. C'était formidable pour Luke, qui est un enfant adorable et très altruiste, qui fait souvent passer les besoins des autres avant les siens. Je suis contente qu'il ait pu prendre part à ce moment.

Au début de l'interview, tout en parlant, je devais empêcher Jess de s'échapper du canapé et garder un œil sur Lorcan, qui, après l'attente dans les loges, commençait à s'agiter. C'était loin d'être la façon la plus relaxante d'entamer une interview.

Charlie a demandé à Luke ce que la chatte avait changé dans la vie de son frère, et Luke, qui ne s'était pas du tout préparé à parler, a répondu très naturellement :

— Il parle plus qu'avant à son institutrice. Et il parle aussi plus à ses copains.

Il aurait certainement été nerveux s'il avait su qu'on allait lui poser une question, mais, là, sa réponse était très juste et très claire.

Charlie a ensuite demandé à Lorcan comment on faisait pour parler à un chat. Lorcan n'a pas répondu et s'est contenté de se pencher à l'oreille de Jessi-cat, comme s'il lui murmurait quelque chose, même si ce n'est pas du tout ainsi qu'il lui parle à la maison.

Il ne quittait pas des yeux l'un des grands écrans du studio, sur lequel il se voyait lui-même et Jess en gros plan. Nous nous en sommes aperçus plus tard en visionnant la vidéo.

Charlie a essayé de le faire parler en lui disant qu'il l'avait entendu discuter avant l'émission, mais je savais que Lorcan ne répondrait pas. Il avait cessé de parler dès que nous étions sortis des loges.

L'interview terminée, nous sommes restés quelques minutes sur le plateau à bavarder avec Louise et Charlie, et ils ont longuement admiré Jess.

Tous les deux ont été très gentils, mais Lorcan n'a pas lâché un seul mot pour autant.

Je ne sais trop si Jess a apprécié son moment de gloire, mais je crois que oui. Elle m'a mordillée lorsque nous étions sur le canapé, un geste qu'elle fait souvent avant de me donner une petite léchouille. C'est très courant chez les sacrés de Birmanie. Beaucoup y voient une marque d'affection.

L'un dans l'autre, l'interview s'était étonnamment bien passée.

***

Nous étions sortis du studio et je remettais Jessi dans sa caisse de transport quand j'ai aperçu Peter Schmeichel, l'ancien gardien de but du Manchester United. Il passait après nous sur le plateau. Je l'ai dit aux garçons et ils n'en ont pas cru leurs yeux.

Nous pouvions désormais repartir. Une fois dans le taxi qui nous ramenait chez nous, j'ai poussé un gros soupir de soulagement. Quant aux garçons, ils ont passé leur temps à échanger leurs impressions sur les interviews radio, puis télé.

Luke disait que c'était génial et Lorcan que c'était le meilleur jour de sa vie, après celui où Jessi avait gagné les prix. Quand j'ai demandé à Lorcan s'il aimerait retourner à la télé, il a répondu oui sans hésiter.

L'expérience était angoissante, mais elle en valait clairement la peine, car elle a contribué à éveiller les consciences au problème du mutisme sélectif. Beaucoup de gens n'en avaient jamais entendu parler, mais, quelques jours après l'émission, une dame a écrit sur la page Facebook consacrée au mutisme sélectif : *Quand j'ai vu ce petit garçon, j'ai pensé : « Il est exactement comme mon fils. » Je crois que mon enfant souffre de mutisme sélectif.* Je suis heureuse que nous ayons pu l'aider, elle et peut-être d'autres parents.

Après la remise du prix et son passage télé, Jess a vu sa célébrité prendre son envol. Elle a même eu droit à un article dans un magazine espagnol.

Avec toute cette médiatisation, sa vidéo pour Cats Protection a atteint des sommets de popularité sur Internet, avec plus de 130 000 vues.

J'ai donc décidé de lui créer son propre compte Twitter. À l'heure où j'écris ces lignes, elle rassemble plus de mille *followers*. Jess y raconte ses péripéties quotidiennes, les misères qu'elle fait subir à la chienne, et ce genre de papotage félin.

Elle poste également de jolies photos d'elle à l'intention de ses fans et, parfois, ses amis à fourrure postent à leur tour des photos d'eux.

Cela dit, ce compte a aussi une dimension utile. Outre son côté ludique, Twitter constitue une plateforme de plus pour soutenir des causes telles que l'autisme ou le mutisme sélectif.

***

La victoire de Jess a été relayée dans les journaux ainsi que dans plusieurs revues félines. Quelques jours plus tard, j'ai été contactée par le Birman Cat Club[1], dont Lorcan a depuis été fait membre honoraire. Ils souhaitaient que nous leur écrivions un article sur le prix du « chat de l'année ». C'est Adam qui s'en est chargé, et son texte a été publié dans le numéro hiver de leur magazine.

Il l'a intitulé « Jessi-cat et Lorcan célèbres ». C'est un article très intelligemment écrit au sujet du mutisme de Lorcan et de l'effet positif que Jess a eu sur sa vie à la fois scolaire et familiale. On pouvait y lire : *Lorcan réalise aujourd'hui d'énormes progrès, ce qui montre qu'avec l'aide adéquate, les enfants atteints de mutisme sélectif peuvent surmonter et même vaincre leur anxiété.*

Adam concluait son article par un touchant hommage à notre chatte : *Jessi prouve à quel point un chat peut changer la vie d'une personne, quel que soit son âge.*

En plus de l'article, la revue avait publié une gentille lettre de l'éleveuse de Jessi. Janet avait écrit : *Jessi est vraiment tombée dans un foyer exceptionnel, et tous les témoignages s'accordent à dire qu'elle a trouvé en Lorcan un ami pour la vie. Ce petit garçon spécial et formidable a de toute évidence gagné l'amour et l'estime d'une sacrée de Birmanie.*

***

---

1. « Le Club du chat birman. »

En septembre 2012, Luke a quitté le primaire pour intégrer le secondaire. La question de l'établissement secondaire où envoyer son enfant est une décision qui angoisse tous les parents, car elle affectera le reste de sa vie.

Dans le cas de Luke, nous avions jugé, pour une variété de raisons, les écoles des environs peu satisfaisantes et préféré la Knutsford Academy, située à une trentaine de kilomètres, que nous avions visitée.

Si je me faisais du souci pour Luke, je m'inquiétais également de l'effet que ce changement d'école aurait sur Lorcan. Jusqu'ici, si quelqu'un le harcelait, il pouvait aller trouver son frère : il risquait moins de se faire embêter tant que Luke fréquentait le même établissement.

Cela dit, il a tout de même son ami George et les autres garçons de sa classe. Et puis il n'y a aucun problème de harcèlement pour l'instant. C'est une petite école composée de petites classes, et l'établissement ne compte que 200 élèves. C'est un environnement rassurant pour Lorcan.

Après la cérémonie de remise des prix, Lorcan a continué à parler de mieux en mieux. En février, nous avions revu le Dr John (le pédiatre spécialiste de l'autisme dans la région), et ses suspicions d'un syndrome d'Asperger chez Lorcan l'avaient conduit à demander au CAMHS (le service de santé mentale de l'enfance et de l'adolescence) de nous adresser à un spécialiste extérieur mieux à même de traiter ses besoins spécifiques.

C'est ainsi que nous avions rencontré Mali Rashidi, une experte de l'autisme également orthophoniste. Le Dr John souhaitait avoir son avis sur le cas de Lorcan ; il espérait que son expérience plus approfondie lui permettrait de déceler des signes qui auraient pu échapper aux autres praticiens.

En juillet, Mali était venue observer Lorcan dans son école, puis, le mois suivant, durant les vacances d'été, elle était passée à la maison pendant que les enfants n'étaient pas là.

Elle avait mené une enquête très rigoureuse et m'avait posé toute une série de questions sur Lorcan : quel genre de bébé il était, ce qu'il faisait quand il était petit et comment il se comportait et parlait aujourd'hui.

Selon elle, Lorcan était bel et bien atteint du syndrome d'Asperger. Mais, comme nous avions déjà été confrontés au problème au sein de notre foyer, nous adaptions notre comportement vis-à-vis de lui et le lui rendions plus supportable au quotidien.

Un parent sait quand son enfant agit méchamment de façon intentionnelle et quand il est turbulent parce qu'il ne peut s'en empêcher, auquel cas on ne le grondera pas.

D'après elle, Lorcan allait bien parce que nous-mêmes nous comportions de la bonne façon. Entendre cela me mettait du baume au cœur.

Dave a énormément de mérite, car il est très facile à vivre : il prend les choses comme elles viennent. Même si Adam n'est pas vraiment son fils, il l'a toujours traité comme tel et a le caractère idéal pour gérer nos trois garçons. Notre attitude à tous les deux consiste généralement à faire ce qu'il y a à faire et à aller de l'avant, mais une chose est sûre : s'il n'avait pas eu ce caractère accommodant, ç'aurait pu être difficile, car Lorcan donne effectivement l'impression d'être une peste par moments.

Je sais que c'est faux, car je comprends ce qui se passe dans sa tête. Je sais que son comportement est forcément dû au fait qu'il n'a pas compris une situation et aussi qu'il angoisse à cette idée.

Heureusement, Dave est compréhensif. Il est tranquille et fait preuve d'une grande patience. Ainsi, nous avançons ensemble main dans la main et advienne que pourra.

Mali avait également dit que le mutisme sélectif de Lorcan était « comorbide » de l'Asperger, c'est-à-dire qu'il existe parallèlement au syndrome, mais n'y est pas lié. Suite à son rapport, nous avions eu un rendez-vous en octobre avec un pédopsychiatre du CAMHS, le Dr Sharma.

***

Avant le jour du rendez-vous, j'ai reçu un coup de téléphone du Dr Sharma. Il m'a demandé de venir seule, sans Lorcan. J'ai trouvé cela curieux. Puis il a voulu savoir si David viendrait avec moi. Je n'y ai vu aucune arrière-pensée et j'ai répondu qu'il ne pouvait pas parce qu'il travaillait, mais, sa question ayant néanmoins éveillé un doute, j'avais demandé à ma mère de m'accompagner.

Quand nous sommes entrées dans le bureau du Dr Sharma, j'ai vu que Mali Rashidi se trouvait avec lui. Ils ont commencé par vérifier si Lorcan présentait des signes de troubles obsessionnels compulsifs et ont conclu que non.

Mais il est vrai que nous nous étions aussi posé la question, car il est très pointilleux dans ce qu'il fait et a tendance à développer des obsessions.

La dernière en date concerne le duo de présentateurs comiques Ant et Dec. Il est super fan et enregistre chaque semaine leur émission *Saturday Night Takeaway*, puis la regarde en boucle.

Il apprécie tout particulièrement le sketch final qu'ils interprètent avec un invité connu et raffole de celui où les deux comiques chantent leur succès *Let's Get Ready to Rhumble*. Il a été jusqu'à me faire participer à un sondage sur YouGov et, lorsqu'il a fallu donner trois mots pour résumer leur émission, il a choisi sans hésiter : « cool », « énorme » et « excellent », leurs expressions fétiches.

J'adore l'observer quand il regarde l'émission. Il est totalement concentré sur ce qui se passe et pique des fous rires.

Et si jamais il aperçoit Ant et Dec à la télé, même dans une pub, il fait pause et rembobine. On lui a récemment acheté un masque en carton de Dec. La chienne en a une peur bleue, mais Lorcan l'adore. Il le coince, tourné vers l'extérieur, à la vitre de sa fenêtre la nuit. J'imagine que les voisins doivent avoir la chair de poule quand ils le voient.

Quoi qu'il en soit, nous avons été soulagés d'apprendre qu'il n'avait pas de TOC. Mali et le Dr Sharma m'ont alors expliqué pourquoi la présence de Lorcan n'était pas requise à ce rendez-vous.

Ils m'ont dit qu'il existait un test de dépistage de l'autisme appelé ADOS (échelle d'observation pour le diagnostic de l'autisme), qui consiste à faire des jeux avec l'enfant pour communiquer avec lui et guettent certains signes dans leurs gestes ou leurs paroles. Seulement, d'après le Dr Sharma, le mutisme sélectif de Lorcan fausserait les résultats.

Au lieu d'utiliser ce test, ils ont donc visionné l'interview sur la BBC, puis écouté mes inquiétudes. Après quoi, ils ont rendu leur diagnostic : mon joli petit garçon était atteint du syndrome d'Asperger.

Parce que j'ai déjà un enfant atteint d'Asperger, je crois que je le savais depuis très longtemps au plus profond de moi. Mais, en tant que mère, et sachant quelles terribles épreuves Adam avait traversées, j'imagine qu'une partie de moi espérait que je me trompais. En outre, Adam ayant été diagnostiqué assez tard dans son adolescence, je me disais qu'il en serait de même pour Lorcan et qu'il serait déjà dans le secondaire.

Quand mes pires craintes ont été confirmées, il m'a fallu un moment pour accepter la chose. Puis j'ai craqué et éclaté en sanglots. J'étais effondrée. Je pleurais en pensant à son avenir, à l'ignorance à laquelle il devrait peut-être faire face, aux batailles qu'il nous faudrait encore mener. C'est mon bébé. Un adorable petit monstre rieur et espiègle. J'ai pensé à tous les problèmes auxquels il pourrait être confronté en entrant au collège et pour le restant de sa vie. J'avais l'impression qu'on m'avait coupé le souffle. Je m'étais battue pour Adam, et maintenant j'allais devoir me battre à nouveau.

Après cela, je me souviens seulement de m'être demandé à quel moment je devais le lui dire. Ils m'ont dit qu'il était préférable que l'enfant ait conscience d'être autiste avant son entrée dans le secondaire, puis ils m'ont remis une documentation de l'Association britannique de l'autisme avant de nous souhaiter bon courage.

J'étais heureuse que maman m'ait accompagnée ce jour-là, car j'avais vraiment besoin d'affection et de soutien. Une fois que nous avons été sorties du bureau, je me suis tournée vers elle et je lui ai demandé :

— Qu'est-ce qu'ils ont dit ?

J'étais tellement abasourdie que je ne savais même plus au juste s'ils avaient conclu à l'autisme ou à l'Asperger. Je me souviens d'avoir pensé : *Mon Dieu ! Ils m'ont donné le diagnostic.* Mais j'étais incapable de dire ce qu'il en était.

Ça n'aurait pas dû me surprendre à ce point, pourtant, vu que je m'en doutais depuis des années, mais, tant que le diagnostic n'est pas posé officiellement, il subsiste toujours dans un coin de la tête un petit espoir que l'on se trompe, que son enfant n'est pas autiste et que tout va s'arranger.

J'avais bien remarqué certains signes, mais, même si je ne les ignorais pas totalement, je refusais d'en tirer des conclusions avant d'avoir un diagnostic officiel.

Je ne suis restée déprimée que cinq minutes. C'était plus fort que moi. Sur le coup, je n'ai pas ressenti cela comme un soulagement, mais, plus tard, si, et je me suis dit : *Bon, j'ai du pain sur la planche. Alors, je vais m'y coller.*

J'avais vu quelles épreuves Adam avait traversées, et je n'avais pas l'intention de laisser un autre de mes enfants vivre la même expérience.

Pour cette raison, justement, l'école primaire m'a d'emblée prise au sérieux. Adam avait été un de leurs plus brillants élèves, toujours premier de sa classe, un garçon intelligent ayant une grande confiance en lui.

Ils avaient même publié certains de ses poèmes. Et puis ils l'avaient vu aller à l'abattoir en faisant face à toutes ces difficultés. Ils savent pertinemment que je connais mon sujet et ils écoutent ce que j'ai à leur dire.

Excepté ce jour-là dans le bureau du Dr Sharma, je n'ai jamais versé une larme sur la maladie de Lorcan, parce que je dois avoir l'esprit clair afin de m'attaquer au problème. Je ne travaille pas ; pourtant, j'ai beaucoup de travail, et ma table est jonchée de paperasse. Il y a toujours quelqu'un que je dois contacter ou une démarche à effectuer pour quelqu'un. Me lamenter sur mon sort ne m'avancera à rien. Ce n'est pas de moi qu'il est question, mais de mes enfants, et je dois me battre pour eux, afin qu'ils aient la meilleure vie possible. Voilà mon travail.

***

Ce soir-là, quand Dave est rentré, je lui ai rapporté les conclusions de Mali et du Dr Sharma, et il m'a avoué que c'était ce qu'il avait toujours pensé. Adam avait aussi décelé des signes d'Asperger chez Lorcan quand il était petit ; donc, lui non plus n'a pas été surpris. Il a ensuite fallu l'annoncer à Luke.

Je l'ai fait s'asseoir, puis je lui ai expliqué avec des mots simples et à l'aide de petits dessins animés éducatifs ce qu'était le syndrome d'Asperger. Il m'a écouté attentivement et a très vite compris.

— C'est possible que je l'aie ? a-t-il demandé. Puisque mes deux frères l'ont ?

Je l'ai aussitôt rassuré : nous étions parfaitement sûrs qu'il ne l'avait pas. Nous lui avons aussi montré une vidéo sur YouTube qui expliquait très simplement ce qu'était ce syndrome.

Je n'avais pas encore décidé quand aborder le sujet avec Lorcan. Je voulais attendre de recevoir la lettre confirmant le diagnostic, mais j'étais loin de me douter qu'elle mettrait des mois à arriver. En tant que maman, j'avais d'abord besoin de lire le diagnostic par écrit pour commencer à l'accepter. C'est pourquoi il est très important que ces courriers parviennent rapidement aux parents. Je me souviens d'avoir demandé et redemandé à ma mère s'ils avaient posé le diagnostic de façon catégorique.

Pour moi, sans lettre écrite, il n'y avait aucune preuve : peut-être avions-nous mal compris ? Il fallait que je l'annonce à Lorcan, mais je ne pouvais pas le faire avant d'avoir lu le diagnostic noir sur blanc.

Le diagnostic avait été posé début octobre, et nous n'avons reçu ledit courrier que trois mois plus tard. Entre-temps, je n'avais pas cessé d'appeler le CAMHS pour le leur réclamer, au point qu'ils me reconnaissaient dès qu'ils entendaient ma voix.

Après des semaines de relance, j'ai commencé à en avoir plus qu'assez. Et puis, un jour, alors que je venais de raccrocher et que je m'apprêtais à rédiger une cinglante lettre de protestation, le téléphone a sonné.

C'était une dame très serviable de l'Association de l'autisme. Je lui ai expliqué mes déboires avec le CAMHS, elle les a appelés et, comme par miracle, la lettre est arrivée quelques jours plus tard.

Je me souvenais d'avoir vu une émission sur un jeune garçon atteint du syndrome d'Asperger. Il expliquait qu'il avait toujours eu conscience d'être différent, sans toutefois savoir pourquoi. Je ne voulais pas que Lorcan ressente la même chose, ni qu'il l'apprenne en étant plus grand, à cause du choc inévitable que cela lui causerait. Je ne voulais pas non plus presser les choses ; j'étais sûre que, lorsque le bon moment se présenterait, je pourrais le lui expliquer.

La question a fini par me travailler de plus en plus, et je la repoussais sans cesse, appréhendant la réaction de Lorcan. Et puis le moment idéal s'est présenté.

Nous étions assis à lire tous les deux, et la conversation est venue sur le fait que certaines personnes étaient « différentes ». Mon cœur s'est mis à battre la chamade, mais j'ai tenu bon, car je savais que le moment était venu.

Lorcan me parlait d'un camarade d'Harry Potter, Neville Londubat, qui, à l'instar d'Harry, étudie dans la maison de Gryffondor à Poudlard et qui est différent des autres garçons, et je lui expliquais également pourquoi il ne fallait pas montrer les gens du doigt ni faire des commentaires à haute voix dans la rue. Lorcan a répondu en hochant la tête :

— Il y en a qui se curent le nez et d'autres qui ont des cheveux rigolos.

Je lui ai expliqué en deux mots ce qu'était Asperger. Il a réfléchi et m'a dit :

— Je suis content comme je suis.

J'ai senti une boule me serrer la gorge. J'ai tenu à lui parler des gens célèbres atteints d'Asperger, tels que Bill Gates, le cofondateur de Microsoft, ou Isaac Newton, le physicien et mathématicien du XVIIe siècle, et je crois qu'il a perdu le fil.

Peu après, Adam lui a donné un livre intitulé *All Cats Have Asperger's Syndrome*[1], écrit par Kathy Hoopmann. Il n'aurait pas pu trouver mieux. Le livre

---

1. « Tous les chats ont le syndrome d'Asperger » (ouvrage non traduit).

explique en termes simples et précis les différents aspects du syndrome (comme l'hypersensibilité auditive, l'aversion au contact physique et le fait d'avoir un petit appétit) à travers le comportement des chats. Il contient plein de jolies photos de chats, que Lorcan adore regarder.

Certes, il tourne rapidement la page s'il s'agit d'un sujet auquel il ne veut pas penser, comme l'histoire du chat Asperger qui avait du mal à se faire des amis. Je ne sais pas vraiment ce que Lorcan comprend au juste d'Asperger, car il est très jeune.

Mais je ne veux pas qu'il reçoive la nouvelle comme un choc quand il sera plus grand. Il s'accepte comme il est, il est heureux ainsi, et c'est génial.

Plus tard, quand nous sommes redescendus, il a filé droit voir Jessi et l'a couverte d'attentions. Puis il lui a dit :

— Bonjour, Jessi, tu as Asperger. Tu le savais ?

Je crois qu'il a beaucoup mieux compris ce qu'était Asperger en observant les chats. Sans compter que ça lui fait un lien supplémentaire avec Jessi.

En le voyant expliquer le syndrome à Jess, j'ai été vivement soulagée de le lui avoir dit, moi qui appréhendais sa réaction.

Depuis ce jour, nous avons très peu discuté du syndrome d'Asperger. J'estime suffisant qu'il sache qu'il en est atteint et j'espère que, s'il a un jour des questions, il me les posera. Comme il souffre de deux troubles et qu'il a du mal à exprimer ses émotions, j'ai toujours incité Lorcan à venir me demander quand il ne comprend pas quelque chose. Il le fait et me pose toujours un tas de questions, mais elles sont rarement liées à lui personnellement, et jamais aux émotions, car il a encore du mal avec elles. En général, ce sont des questions vraiment bizarres et inhabituelles, du genre : « Qui est la première personne qui a habité dans ce pays ? » Ou : « D'où vient toute l'eau qu'il y a dans le monde ? » Il a récemment voulu savoir « si l'Angleterre n'est pas très, très grande, pourquoi on ne l'agrandit pas ? »

Sa curiosité est vraiment attendrissante, mais ses interrogations sont toujours factuelles, et il n'aborde jamais la question du mutisme ou du syndrome d'Asperger.

Comme je l'ai découvert par la suite, beaucoup de gens atteints d'Asperger ont des chats. Les animaux servent fréquemment de soutien, mais il semble que les chats apportent un réconfort particulier. Il y a deux ou trois personnes atteintes d'Asperger avec qui nous discutons sur Twitter, et l'une d'elles, Kevin Healey, qui mène une grande campagne contre le harcèlement des personnes autistes, nous a récemment envoyé une photo de son magnifique chat. C'était un sacré de Birmanie, et il ressemblait comme deux gouttes d'eau à Jess.

***

Bien que Lorcan ait encore été en troisième année au moment du diagnostic et ait encore eu trois années à passer au primaire, je voulais être sûre que nous étions préparés pour les défis qu'il devrait affronter en entrant dans le secondaire.

Après plusieurs jours à chercher des informations et des conseils sur le Net, j'ai décidé d'aller trouver Adam et lui ai dit comme ça :

— Je dois savoir à quels problèmes Lorcan devra faire face dans le secondaire. Est-ce que tu peux m'aider ?

Adam était allé dans une école classique, et je savais qu'il accepterait de me parler des embûches qui nous attendaient, mais j'étais loin d'être préparée à la longue liste qu'il m'a remise, dans laquelle il détaillait tous les incidents qui lui étaient survenus. J'ai eu le cœur brisé en la lisant.

Je n'avais aucune idée de la souffrance et du désarroi auxquels Adam avait été confronté jour après jour, et j'étais stupéfaite que, tout au long du temps qu'il avait passé dans cet établissement, aucun de ses professeurs ne m'en ait touché un mot lors des rencontres parents-enseignants.

Outre ses expériences, Adam avait dressé une liste de conseils destinés aux professeurs afin que Lorcan s'adapte mieux à l'école :

- S'assurer que Lorcan comprend parfaitement ce qu'on attend de lui en cas de consignes équivoques (exemple : doit-il rendre un simple plan détaillé ou une dissertation complète ?).
- Le féliciter quand il réussit et reconnaître ce qu'il fait de bien, mais aussi lui montrer ses

erreurs. Autrement, cela sapera totalement sa confiance ; il se dira qu'il ne sert à rien d'essayer et se découragera.

- Travail en groupe : on prête généralement peu attention aux enfants calmes. Placer Lorcan avec d'autres enfants calmes.
- Le laisser s'occuper de la prise de notes ou le mettre en binôme avec un camarade avec qui il est suffisamment à l'aise pour parler. La prise de notes est une très bonne solution qui lui permettra de faire entendre ses arguments en dépit de son incapacité à interrompre les gens et à prendre la parole, etc.
- S'assurer qu'il sait où il va ou que quelqu'un l'y conduit. Cela doit être permanent. Ne pas cesser cette surveillance sous prétexte qu'il semble se débrouiller tout seul. Le prévenir en cas de changement de salle ou de type d'activité pédagogique (exemples : travail en groupe, travaux pratiques) afin qu'il s'y prépare.
- Le laisser choisir sa place en classe si possible.
- Bien lui expliquer ce qu'il doit faire (exemples : plan détaillé, paragraphe, dissertation) ; ne pas rester vague en pensant qu'il va se débrouiller. Ne pas croire que les consignes sont claires tant que vous ne les lui avez pas expliquées clairement.
- Les enfants atteints d'Asperger sont sujets à la surstimulation. Ils ne peuvent pas faire abstrac-

tion des bruits de fond, et les permanences dans les environnements peuplés et bruyants comme une cantine peuvent leur être pénibles. Les enfants atteints d'Asperger ont besoin de prendre leurs repas dans des endroits calmes.
- S'assurer qu'il soit bien préparé pour les journées spéciales (exemples : voyages scolaires, journées sans uniforme).
- Les professeurs doivent savoir que la lecture à haute voix pourra s'avérer problématique pour Lorcan, tout spécialement si son mutisme sélectif perdure dans le secondaire.
- Suivre les travaux pratiques en sciences est extrêmement difficile, en raison du problème d'interprétation littérale, et Lorcan sera peut-être incapable de demander de l'aide.

Adam a clairement traversé de dures difficultés à l'école, sans que malheureusement personne ne s'en rende compte. En raison de son diagnostic tardif, il a vécu toute une série de cauchemars, et il n'y a rien de pire. Dans le cas de Lorcan, nous l'avons su plus tôt, et cela doit au moins nous permettre d'affronter le problème du point de vue pratique.

Puisqu'il ne s'agit pas d'un autisme profond, mais d'un Asperger de haut niveau, je crois que Lorcan a une chance de réussir si nous lui fournissons l'aide adéquate. C'est pourquoi je suis constamment sur Internet et ne cesse d'écrire des mails ou de passer des coups de fil pour obtenir ce qu'il y a de mieux pour lui. On nous parle sans cesse d'« intervention précoce », mais qu'en est-il dans les faits ? Quelles mesures sont prises ? Je peux bien faire tout ce que je dois faire de mon côté, lui expliquer les choses et m'assurer qu'il aille bien, mais il passe le plus clair de son temps à l'école.

J'étais donc bien résolue à le munir de la déclaration de besoins éducatifs spéciaux avant qu'il n'entre dans le secondaire. Il peut sans doute s'en passer pour le moment, parce que ses enseignants de primaire sont des perles, mais qu'adviendra-t-il lorsqu'il changera d'école ?

Il bataille déjà aujourd'hui pour comprendre certaines consignes. Il n'est qu'en 3e année de primaire et angoisse parce qu'il a un devoir de maths à faire et qu'il ne comprend pas ce qu'on attend de lui. Du coup, il ne le fait pas. Je n'ose imaginer quand il aura le volume de devoirs qu'on leur donne dans le secondaire.

Si je dois me battre pour l'obtenir, aller devant les tribunaux (et j'y suis disposée), cela risque de prendre des années ; donc, autant commencer tout de suite.

J'ai fait une seconde demande d'évaluation statutaire pour Lorcan et on m'a adressé un formulaire à remplir. Sous la question *Quelles sont vos inquiétudes ?*, il y avait une toute petite case pour écrire ma réponse. Je peux vous dire que la liste de mes inquiétudes était loin de tenir dans cette ridicule petite case ! Alors, j'ai pris une page blanche et commencé à dresser un historique condensé de tous les problèmes qu'avait eus Lorcan, et des raisons pour lesquelles je réclamais ce document. Au final, il m'a fallu plusieurs pages ; alors, je crois qu'en guise de réponse ils ont été servis.

Malgré cela, j'ai reçu dernièrement un courrier de l'Autorité locale d'éducation m'expliquant qu'ils ne disposaient « pas d'éléments suffisants actuellement pour satisfaire à ma demande ». Ils ont donc décidé de surseoir leur décision. Mon sang bout rien qu'en y repensant.

Mali Rashidi m'a été d'un grand secours à travers tout ce parcours. Étant à la fois une spécialiste de l'autisme et une orthophoniste chevronnée, elle possède une connaissance de l'autisme proprement ahurissante. C'est quelqu'un d'extraordinaire.

Peu après l'annonce du diagnostic, elle m'avait conviée à un « atelier d'histoires sociales » et j'y étais allée pour voir ce que c'était. En fait, cela consiste à coucher par écrit tout ce qui attend votre enfant lors d'une situation donnée, afin qu'il ne soit pas effrayé par les changements dans sa routine.

Ainsi, la fois où Lorcan avait été traumatisé par les cours de piscine, c'était exactement ce que les enseignantes avaient fait.

Elles avaient écrit : *Nous arriverons à la piscine. Tu entreras dans les vestiaires et tu te mettras en maillot de bain. Ensuite, tu te dirigeras vers les bassins.* On peut également illustrer le scénario avec des petits personnages ou ajouter des photos, histoire que l'enfant comprenne ce qui va se passer et qu'il puisse le regarder plusieurs fois au préalable.

Les scénarios sont formulés de façon à s'articuler autour de phrases affirmatives plutôt que négatives. C'est plus compliqué qu'il n'y paraît. En commençant les séances, j'ai pensé que ce serait facile.

Puis je me suis retrouvée coincée, et là, je me suis dit : *Ma parole, il faut un diplôme universitaire pour y comprendre quelque chose !* En fait, c'est une formule à suivre qui leur permet d'affronter des situations intimidantes et de résoudre leurs inquiétudes. Maintenant, je maîtrise la technique, et ça l'aide vraiment beaucoup.

***

Nager a toujours été un problème pour Lorcan. Nous n'avons pas cessé d'en discuter, et Dave a emmené plusieurs fois les garçons dans les piscines du coin, mais Lorcan n'y a jamais pris aucun plaisir. Il se contentait bien souvent de s'asseoir sur les marches du bassin et refusait d'entrer dans l'eau.

Par chance, le programme des séances de piscine avait changé quand Lorcan est entré en 3e année (l'année où les séances commencent). Au lieu d'une demi-heure hebdomadaire tout au long de l'année, les cours ne débuteraient qu'en février, mais dureraient une heure. Lorcan eut donc quelques mois pour s'habituer à sa nouvelle institutrice avant d'être forcé de se jeter à l'eau (façon de parler, bien sûr).

Nous en avions beaucoup discuté, mais le sujet l'angoissait régulièrement et j'étais inquiète. Février approchant, l'institutrice de Lorcan, Mme Bernard, a abordé le sujet en classe et constaté qu'il y avait d'autres enfants qui ne savaient pas nager. Lorcan n'était donc pas le seul à avoir peur.

Il était aussi préparé que possible, et je tenais vraiment à ce qu'il fasse l'effort d'essayer pour voir comment il se débrouillait. S'il continuait d'angoisser une fois qu'il aurait commencé la piscine, je cesserais bien évidemment de l'y envoyer.

Quelques jours avant le début des séances, il m'a dit qu'il ne voulait pas y aller, mais il n'arrivait toujours pas à formuler la raison de son angoisse : peut-être la peur du changement de routine, ou celle de se retrouver dans un milieu qu'il ne connaissait pas. L'orthophoniste m'avait expliqué qu'il pouvait s'agir d'un problème sensoriel.

Les enfants autistes ont fréquemment ce problème, car ils n'aiment pas la sensation de l'eau sur leur visage ou le bruit à l'intérieur des piscines.

Quelle qu'en soit la raison, il était visiblement angoissé ; alors, je l'ai emmené voir Mme Bernard. Elle lui a demandé de quoi il avait peur, et il a répondu, avec beaucoup de sérieux :

— De me noyer.

Maintenant, nous savions.

Mme Bernard a été formidable. Elle lui a patiemment expliqué pourquoi cela ne pouvait pas arriver et il a semblé soulagé d'un grand poids.

Le premier jour du second semestre, je lui ai montré son sac et ses affaires de piscine, et nous avons passé une dernière fois en revue le déroulement de la journée. Quand il est parti pour l'école, il était inquiet, mais pas angoissé.

Le soir, Mme Bernard m'a dit que tout s'était très bien passé. Je doute qu'il apprenne jamais à nager correctement, car il continue à avoir peur de l'eau, mais le fait qu'il y soit allé et qu'il n'ait pas fait de comédie au moment d'entrer dans l'eau est d'ores et déjà fabuleux.

Mme Bernard m'avait conseillé de l'emmener nager durant les vacances de Pâques, histoire qu'il prenne davantage confiance dans l'eau. Cette fois, il est entré dans l'eau avec Luke sans rechigner.

Certes, il ne voit toujours pas ce qu'on peut trouver d'amusant à aller à la piscine, mais au moins il n'est plus terrifié à cette perspective, et nous comptons bien continuer à l'y emmener une fois qu'il n'ira plus avec l'école.

Soit dit en passant, sa réponse sur la peur de se noyer est typique de Lorcan. Son imagination le pousse toujours à craindre le pire.

Il m'a récemment demandé si nous pouvions équiper la clôture du jardin de barbelés.

Sa question ne m'a pas surprise : l'année précédente, sur sa liste de Noël, il avait écrit : un iPad, du barbelé et un Taser.

— Pourquoi veux-tu mettre des barbelés au-dessus de la clôture ? ai-je demandé.

Il a répondu d'une voix guillerette :

— L'autre jour, un renard a attaqué un bébé. Ils l'ont montré à la télé. Il faut qu'on mette du barbelé autour du jardin pour l'empêcher d'entrer. Il faut qu'on protège Jessi-cat et Lily.

En revanche, pas un mot sur le reste de la famille…

10

Le combat continue

Pour le huitième anniversaire de Lorcan, en septembre 2012, nous sommes allés visiter la ville historique de Chester. Pour les changer du traditionnel trajet direct par l'autoroute, leur faire voir un autre paysage, et aussi pour qu'ils soient moins confinés et trouvent le voyage moins long, nous avions décidé d'y aller en train. Comme Luke et Lorcan adorent tout ce qui est musées et sites historiques, nous avons suivi le circuit sur les traces des Romains. Il a fait beau et nous avons même pu déguster une glace sur un banc au bord du fleuve.

Nos pas nous ont finalement menés au Grosvenor Museum. Quand la dame à la caisse a vu les garçons, elle nous a dit qu'en nous dépêchant, nous pourrions assister à une démonstration de combat au glaive.

Lorcan étant fasciné par les soldats, on ne pouvait rêver mieux ; nous sommes donc entrés jeter un coup d'œil.

Dans une grande salle du musée, près d'une table remplie d'armes romaines, un guide expliquait l'histoire de chacune des armes et des armures.

Il a été très gentil avec les garçons. Luke a essayé une partie de l'armure et a pu manipuler un véritable glaive, mais Lorcan n'ayant que huit ans, le guide lui a donné une épée en bois.

Son discours terminé, nous avons rendu les épées au monsieur en le remerciant. Mais, juste au moment où nous sortions de la salle, Lorcan, vif comme l'éclair, s'est emparé d'un grand glaive en métal sur la table et l'a pointé vers un ennemi imaginaire.

Il a été si rapide que le guide n'a pas eu le temps de l'en empêcher. Il est devenu blanc comme un linge et a tenté de le récupérer des mains de Lorcan.

Après avoir repris l'arme, il m'a expliqué que ce glaive était le plus ancien du lot et qu'il n'était résolument pas destiné à être manipulé. Il a ajouté que, depuis le temps qu'il faisait ces démonstrations, souvent devant des enfants, il n'avait jamais vu un gamin aussi rapide que Lorcan !

Nous avons également visité la Dewa Roman Experience, qui reconstitue une forteresse romaine, avec ses rues, ses casernes, ses thermes, sa taverne et ses échoppes de marché.

Les enfants ont adoré. Guidés dans leur « périple » par un chef de galère romain, ils ont également pu visiter l'intérieur d'une galère reconstituée. Il y avait des casques et des armures que les enfants pouvaient essayer, et c'était très amusant.

Les visites de musées avec Lorcan sont des expériences mémorables. Il court sans cesse d'un objet à l'autre et fonce généralement vers ceux qui l'intéressent plus particulièrement. Chaque fois, il réclame une épée au magasin de souvenirs (il en a d'ailleurs une belle collection à la maison).

Lorcan adore faire semblant d'être un personnage historique. Durant les dernières vacances, il a passé plusieurs jours déguisé en Dick Turpin, le célèbre bandit de grand chemin anglais (jusqu'au masque et au chapeau) et déclaré son intention de devenir bandit de grand chemin quand il serait grand. Il visionnait en boucle la vidéo des *Horribles Histoires* de Dick Turpin sur YouTube. Je connais aujourd'hui par cœur les paroles du générique ! Lorcan surgissait également devant nous à tout bout de champ en criant :

— La bourse ou la vie !

Un matin, il était debout à 5 heures, habillé en bandit de grand chemin, et réclamait que quelqu'un l'accompagne au rez-de-chaussée pour prendre son petit-déjeuner : le redoutable bandit de grand chemin avait la frousse ! Durant ces quelques jours, Jess était devenue son fidèle destrier, et il l'avait renommée « Black Bethel », au lieu de « Black Bess » comme la jument du célèbre voleur, parce qu'il n'aimait pas ce prénom.

***

Chez nous, les anniversaires sont bien souvent l'occasion d'une fête de famille. Nous achetons un gâteau et passons la journée chez ma mère. Mais il arrive aussi qu'on sorte, ne serait-ce que pour aller à l'Imperial War Museum North, un des grands musées de la guerre du pays, qui est situé à deux pas de chez nous.

Un jour que Dave y emmenait les garçons, un homme les a arrêtés en chemin afin d'effectuer un sondage au sujet des gadgets domestiques et des applis pour mobiles. Il demandait par exemple :

— Possédez-vous un iPad ?

Une des questions était :

— Combien d'applications payantes avez-vous téléchargées cette année ?

Luke a répondu :

— Deux. Je les ai eues pour mon anniversaire.

Soudain, à la grande surprise de Dave, Lorcan s'est exclamé tout haut :

— Soixante-treize !

Même Jess a droit à une petite fête pour son anniversaire. Bien entendu, c'est Lorcan qui se charge de l'animation.

Pour ses deux ans, en juin 2012, nous nous sommes tous réunis chez maman et avons couvert Jess de cadeaux avant de la caresser à tour de rôle.

Elle a reçu de jolies souris en mousse, qu'elle adore prendre dans sa bouche et cacher derrière la banquette. Bien sûr, comme elle ne savait pas défaire les nœuds, Lorcan s'est proposé pour lui ouvrir ses cadeaux et s'est fait une joie de lui présenter l'un après l'autre ses nouveaux jouets. Il a également insisté pour que nous chantions tous *Joyeux Anniversaire*. Lui, par contre, n'a pas chanté et s'est contenté de nous regarder en souriant. Quant à Jess, notre performance est loin de l'avoir convaincue.

Pour Lorcan, les anniversaires calmes sont bien souvent préférables aux grandes fêtes qui peuvent donner lieu à toutes sortes de problèmes.

En plus d'y rencontrer des gens qu'il ne connaît pas, elles peuvent engendrer des situations sociales qui lui seront incompréhensibles.

En janvier dernier, il est allé à une fête d'adieux pour Ella, la petite fille qui l'avait tant aidé à la maternelle. Elle partait malheureusement pour l'Australie. C'était franchement dommage parce qu'elle et Lorcan s'entendaient vraiment bien.

À la fin de la fête, j'ai vu deux petites filles donner un coup de pied à Lorcan. Elles n'avaient pas tapé fort et ne semblaient pas l'avoir fait méchamment ; aussi, je ne suis pas intervenue. Plus tard, quand je lui ai posé la question, il m'a confirmé que ce n'était rien :

— C'était juste un coup de pied d'adieu ! m'a-t-il expliqué très calmement.

Les filles lui avaient fait croire qu'il s'agissait d'une manière affectueuse de dire au revoir, et il les avait crues. J'ai dû lui expliquer que c'était mal de donner des coups de pied, quelle qu'en soit la raison. Mais ça m'a néanmoins laissée songeuse : y a-t-il d'autres comportements anormaux que Lorcan croit tout à fait acceptables ? C'est ce genre de craintes qui est difficile à surmonter.

Il est bon élève, poli, il fait son travail en classe, c'est un petit bonhomme joyeux…, mais il se passe forcément dans sa vie des choses que j'ignore.

Les enfants atteints d'Asperger ont souvent du mal à interpréter les intentions des gens et, à mesure qu'il grandira, cela risque de lui poser des problèmes à l'école.

Le mois suivant, l'école mettait en vente les billets pour la boum de la Saint-Valentin 2013. La fête se tenait après l'école et n'était donc pas obligatoire, mais c'était l'occasion pour lui de s'amuser.

Comme il était déjà allé aux boums de Noël et qu'il avait beaucoup aimé, je lui ai demandé s'il souhaitait que je lui prenne un ticket.

— Je ne veux pas y aller ! a-t-il décrété.
— Pourquoi ? ai-je demandé. Je pensais que tu aimais bien la boum de l'école.

Il a répondu d'un air dégoûté :
— Parce qu'il faut embrasser des filles !

J'ai tenté de lui expliquer que rien ne l'y obligeait et qu'il s'agissait juste d'une occasion sympa de s'amuser avec ses camarades, mais il n'a rien voulu savoir. Quelqu'un lui avait manifestement soutenu le contraire et il ne voulait pas prendre de risques.

***

En décembre 2012, j'ai vu que Cats Protection tenait un stand pour collecter des fonds à l'animalerie Pets at Home, tout près de chez nous. Je les ai contactés et leur ai proposé de venir les voir avec Jess. Ils ont trouvé l'idée géniale et ont même fait imprimer quelques affiches. Le lendemain, j'ai mis Jess dans sa caisse et l'ai emmenée avec Lorcan.

J'avais acheté un harnais afin de pouvoir la tenir en laisse, sachant que les chiens sont admis dans l'animalerie. Elle n'en avait encore jamais porté auparavant, mais elle s'est très bien tenue.

Elle s'est baladée dans la boutique, explorant les lieux et reniflant les articles.

Lorcan a beaucoup aimé la promener en laisse, mais, à un moment donné, elle s'est aventurée dans une grande niche de chien et s'est un peu emmêlée. J'ai dû l'aider à l'en faire sortir. Lorcan a bien sûr trouvé l'incident désopilant et s'est écrié :

— Jessi joue à être un chien !

Quelques minutes plus tard, il l'emmenait dehors, l'entraînait à toute allure vers le magasin d'à côté, et j'ai dû reprendre en charge la laisse.

Jess a adoré être au centre de l'attention et s'est volontiers laissé caresser par les bénévoles de Cats Protection et par les visiteurs qui l'ont tous trouvée splendide.

***

En mars, huit mois après la remise du prix, j'ai été contactée par le producteur de l'émission de Jeremy Vine sur BBC Radio 2. Alors qu'il cherchait des séquences afin de sensibiliser les gens sur le mutisme sélectif, il était tombé sur notre passage dans l'émission matinale *Breakfast*, et il voulait m'inviter.

L'émission se déroulait à nouveau à MediaCityUK, mais cette fois dans un autre bâtiment. Manque de chance, quand je suis arrivée, personne n'était au courant. J'ai dû attendre qu'ils appellent à droite et à gauche, puis finalement le producteur, à Londres. On m'a alors conduite dans un petit studio pour l'interview, où j'ai encore dû attendre une bonne demi-heure que vienne mon tour. J'étais stressée, mais ce travail de sensibilisation est si important que je ne pouvais pas refuser.

Après l'interview, j'ai retrouvé Dave et nous sommes partis déjeuner histoire de décompresser. Je commençais à avoir l'habitude des interviews, mais j'étais tout de même à cran !

Depuis notre premier passage télé, et l'annonce du diagnostic d'Asperger un peu plus tard, j'avais également donné des interviews au nom de l'association Hearts and Minds Challenge[1] (*heartsandmindschallenge.org*), qui recueille des fonds pour venir en aide aux enfants autistes.

La première avait eu lieu sur Radio Manchester, quelques semaines avant l'émission de Jeremy Vine, et le sujet était l'intégration des enfants autistes dans les écoles classiques. J'étais accompagnée de Monique, de l'association en question, et, grâce à elle, ça s'était bien passé. J'avais également répondu à quelques

---

1. « Le défi du cœur et de l'esprit. »

interviews pour des magazines, dont un qui est distribué dans sept mille écoles primaires. Là encore, le thème était l'intégration des enfants Asperger dans le système éducatif classique, mais j'avais également glissé un mot au sujet du mutisme sélectif.

La cérémonie des prix du « chat de l'année » m'a offert une plate-forme pour éveiller les consciences sur ces deux affections et, encore une fois, c'est à Jess que nous le devons.

***

Le mutisme sélectif de Lorcan occasionne des problèmes auxquels la plupart des parents n'auront jamais à penser. Un examen de la vue est par exemple difficile à réaliser si l'enfant n'arrive pas à dire à voix haute quelles lettres il peut lire sur le tableau.

Lors d'une récente visite chez l'opticien, Lorcan est resté muet comme une carpe ; pas même un petit rire. Il s'est assis dans le fauteuil et, quand l'optométriste lui a demandé s'il était à l'aise, il a secoué la tête d'un air grave. Mais, en fait, l'optométriste avait entendu notre interview dans l'émission de Jeremy Vine et compris le problème. Très ingénieusement, il a réussi à réaliser l'examen en demandant à Lorcan de tracer les lettres dans le vide avec le doigt. Il m'a toutefois avoué que c'était la première fois qu'il avait affaire à un enfant souffrant de mutisme sélectif.

Après avoir bien examiné les yeux de Lorcan, il a recommandé le port de lunettes à l'école. Et quand il lui a demandé s'il était content, loin d'être intimidé, Lorcan a secoué la tête avec énergie. Il s'était heureusement fait à l'idée lorsque nous sommes revenus chercher ses lunettes et il les porte à présent en classe. Il les range soigneusement dans leur étui quand il ne s'en sert plus.

Le dernier examen dentaire de Lorcan s'est également révélé folklorique. Le dentiste a d'abord vu Luke, puis, quand son tour est arrivé, Lorcan s'est levé d'un bond et a sauté dans le fauteuil, tout sourire.

Pendant que le dentiste examinait sa dentition, Lorcan n'arrêtait pas de remuer les pieds, un signe de nervosité évident. À un moment, le dentiste a dit qu'il aurait sans doute besoin de porter un appareil plus tard. Lorcan s'est radossé au fauteuil dans un mouvement théâtral, il a baissé la tête et pris une expression affligée très comique.

L'examen terminé, le dentiste a abaissé le fauteuil, et Lorcan est descendu du siège par ses propres moyens avant que nous puissions l'en empêcher, si bien qu'il s'est entortillé dans les câbles et les appareils.

Du moment où nous avions franchi le seuil du cabinet jusqu'à ce que nous arrivions à la voiture, il n'avait pas prononcé un mot. Les visites chez le dentiste ont toujours été quelque chose. Étant plus jeune, il y allait pour accompagner Luke, mais refusait d'ouvrir la bouche pour laisser le dentiste voir ses dents.

Une fois, quand il avait deux ans, il a hurlé quand on a tenté de l'installer dans le fauteuil, et le dentiste en a profité pour jeter un coup d'œil à sa dentition.

La première fois qu'il a accepté d'ouvrir la bouche pour le dentiste, c'était à l'âge de cinq ans, et ç'avait été une vraie surprise. Il avait refusé de s'asseoir dans le fauteuil et s'était contenté d'ouvrir la bouche aussi grand que possible au milieu de la pièce.

Mais il était visiblement très anxieux. Tout le temps que le dentiste inspectait sa bouche, Lorcan laissait échapper un long cri strident vraiment étrange.

Depuis, il accepte de monter dans le fauteuil et d'ouvrir la bouche, mais il refuse toujours de parler.

Lorsqu'il s'agit du dentiste ou de l'opticien, j'ai le temps de leur expliquer les raisons de son silence, mais d'autres personnes pourront se dire qu'il est malpoli. Il réussit maintenant à parler devant des inconnus, et j'y vois un grand pas en avant, mais, du coup, son incapacité de s'adresser à eux peut paraître encore plus impolie.

Récemment, nous avons réservé un séjour en famille dans une agence de voyages. Nous étions assis devant l'employée, et il discutait avec nous pendant qu'elle prenait nos réservations, mais, lorsqu'elle lui a posé une question, il l'a carrément ignorée.

Quand ils sont petits, personne ne s'en offusque, et ça passe, mais viendra un moment où les gens se diront : *Que cet enfant est mal élevé !*

En mai, j'ai emmené Lily chez le vétérinaire pour son rappel annuel. En rentrant, j'ai songé qu'il y avait un moment que Jess n'y était pas allée ; alors, j'ai sorti son carnet de vaccinations et je me suis rendu compte que son rappel aurait dû être fait en mars.

Quand j'ai appelé le vétérinaire pour prendre un rendez-vous, on m'a dit que sa dernière injection remontait à 2011. J'ai supposé qu'il y avait une erreur et pris rendez-vous. Et puis j'ai ressorti son carnet et vu qu'ils disaient vrai : elle n'avait pas été vaccinée de tout 2012. Au cours de cette période, je l'avais emportée aux studios de télé, à l'école et promenée en laisse dans l'animalerie. J'étais horrifiée.

Maman et moi sommes donc allées la faire vacciner en même temps que Lily, qui devait revoir le véto, et Lorcan s'est joint à nous pour tenir compagnie à Jess. Lily est passée la première pendant que Jess restait dans sa caisse.

Lorcan, lui, ne tenait pas en place : il faisait le tour de la pièce et jouait avec les équipements, ouvrait et fermait la porte à répétition, si bien que j'ai dû l'envoyer rejoindre maman dans la salle d'attente.

Jess était terrifiée au moment d'être examinée. Elle s'est collée contre la table, les oreilles couchées, et n'a plus dit un mot. Elle s'est montrée très docile, mais n'a visiblement pas aimé être tripotée et a ensuite semblé très soulagée de rentrer dans sa petite caisse.

Sur le chemin du retour, Lorcan était très inquiet. Il était assis sur la banquette arrière avec elle et vérifiait constamment si elle allait bien.

— Ça va, Jess ? lui demandait-il. La piqûre t'a fait mal ?

Durant l'été 2012, dès que nous avons eu un ou deux jours de soleil, j'ai monté la tente de Lorcan dans le jardin pour que les garçons s'amusent.

Je m'affairais dans la maison quand j'ai soudain remarqué que la porte de derrière était ouverte et que Jess était introuvable. J'ai hurlé : « La chatte s'est échappée ! » et foncé dehors pour me mettre à la chercher. Je courais aux quatre coins du jardin en l'appelant quand j'ai tout à coup entendu une petite voix à l'intérieur de la tente. C'était Lorcan qui disait :
— Non, Jessi, il faut être une gentille prisonnière et rester dans ta prison.

Il l'avait enfermée à l'intérieur de la tente pour jouer aux pirates sans m'en parler. Et je suis certaine que Jessi s'amusait énormément.

***

Quand nous avons reçu le diagnostic officiel d'Asperger, le courrier mentionnait également que Lorcan continuait à souffrir de mutisme sélectif.

J'étais contente qu'ils l'aient précisé, car, même s'il parle très bien à l'école, parce qu'il s'y sent moins stressé et plus à l'aise, il manifeste fréquemment un mutisme sélectif en dehors, dans des situations moins familières. D'où ma certitude qu'il régressera en quittant le cocon de l'école primaire pour entrer dans l'environnement plus vaste et en tous points plus effrayant d'un établissement secondaire.

Il faudra que nous et ses futurs professeurs supervisions soigneusement cette transition. Il a accompli des progrès extraordinaires, mais il est loin d'avoir surmonté son mutisme sélectif.

Mes inquiétudes concernant son entrée dans le secondaire ont pris naissance dernièrement alors que je chattais sur Facebook avec une amie, Christine McLaughlin. C'est une enseignante formée pour les élèves ayant des besoins éducatifs spéciaux, et elle dirige un centre d'enseignement nommé Better Tuition[1]. Elle a été d'un grand soutien pour notre famille. Un jour que je ressassais mon dilemme au sujet du passage dans le secondaire, elle m'a demandé quelle serait pour moi l'école idéale.

J'ai répondu : un établissement proche doté d'une structure spéciale pour les enfants comme Lorcan, dont les besoins particuliers sont trop souvent négligés du fait qu'ils semblent avoir une scolarité normale avant d'arriver dans l'adolescence.

— À ton avis, lui ai-je demandé, quelles sont mes chances de convaincre une école de mettre en place une telle structure pour les enfants atteints d'Asperger ?

Elle a répondu que c'était une question de financement, mais que ce type de structure faisait effectivement défaut. Elle m'a dit qu'il en existait une à Sale, près de Manchester, et m'a conseillé d'appeler la coordinatrice des besoins éducatifs spéciaux de cette école histoire d'en discuter.

Elle a ensuite ajouté :

— Évidemment, tu pourrais aussi opter pour l'éducation alternative, comme les écoles en forêt, ou

---

[1] « Un meilleur enseignement » (bettertuition.co.uk.).

monter ta propre structure, une école à mi-temps ou une *flexi-school*[1] qui conviendrait mieux à Lorcan, et je pourrais te donner un coup de main. Je mettrais mes locaux à ta disposition.

Les « écoles en forêt » sont des structures éducatives en plein air permettant l'apprentissage de compétences sociales et professionnelles au milieu des bois.

Cette idée d'un groupe de soutien m'a fait réfléchir. Il y a quelque temps de cela, je discutais avec une autre amie, dont le fils est autiste, et nous avions évoqué la possibilité de mettre en place une telle structure.

La chose s'était avérée plus compliquée que prévu, et le projet était tombé à l'eau, mais maintenant que Christine avait rejoint le projet et nous proposait d'utiliser ses locaux, la chose semblait devenir réalisable.

Nous avons commencé par rassembler quelques idées. Le groupe devait avoir deux aspects : le premier serait destiné aux jeunes enfants comme Lorcan et s'assurerait qu'ils bénéficient de l'intervention précoce que les spécialistes disent être capitale. Nous ferions en sorte que les plus jeunes apprennent les compétences pour communiquer et se comporter en société et tous les outils qui font défaut aux enfants Asperger. D'autre part, il nous semblait très important d'avoir un service à offrir aux enfants plus grands et aux jeunes adultes. Les études ont montré

---

1. Contrat passé entre l'école et la famille, permettant à l'enfant de n'assister qu'à quelques cours. Ce système est le plus souvent utilisé pour les enfants surdoués.

que la dépression est un problème majeur chez les personnes autistes. Mettre en place un groupe dans lequel ils pourraient se rencontrer et combattre l'isolement représenterait donc une immense avancée.

Nous avons décidé d'organiser une réunion ouverte à tous et commencé par envoyer une série de mails et poster une annonce sur Twitter et Facebook en précisant bien qu'elle n'était pas réservée aux enfants diagnostiqués.

Nombre d'enfants attendent des années un diagnostic, et beaucoup d'autres, comme mon fils Adam, ne sont diagnostiqués qu'à la fin de l'adolescence, et nous voulions être utiles à tout parent d'enfant atteint d'un autisme de haut niveau ou de déficiences sociales.

Trop d'enfants, comme Lorcan, reçoivent un diagnostic, mais ne bénéficient pas de l'aide spécialisée dont ils ont besoin. Nulle n'est mieux placée que moi pour savoir ce qui peut arriver quand aucune aide n'est proposée. Je suis quelqu'un de très énergique et je suis capable de me battre pour mon fils, mais certains parents ne savent pas vers qui se tourner. Ce sont aussi ces gens que nous voulons aider.

Cette semaine-là, j'ai assisté à une réunion matinale consultative organisée à la permanence de la députée de notre circonscription, Kate Green. Je lui ai parlé du groupe et elle a été vivement intéressée. Nous lui avons présenté nos idées et elle a promis de nous fournir l'aide nécessaire et de soutenir le projet. Nous avons vraiment de la veine d'avoir une députée aussi dynamique.

Par un coup de chance, j'ai aperçu dans la salle George Devlin, un militant local très actif sur les questions de société. Je lui ai parlé de mon idée et il m'a également proposé son aide.

Rapidement, de nombreux élus locaux ont décidé de nous soutenir, notamment la conseillère Joanne Harding, qui s'est jointe à notre petit comité.

Notre groupe prenant de l'ampleur, j'ai envoyé un mail au conseil municipal de Trafford pour leur exposer notre projet, et nous avons eu une réunion très encourageante à Pâques.

J'ai également rencontré Ian McGrath, président de l'association Hearts and Minds Challenge, qui nous a proposé une formation à une date ultérieure.

La première réunion s'est tenue dans les locaux professionnels de Christine. Nous n'avions pas établi de plans précis et n'avions aucune idée du nombre de gens qui viendraient Or un flot apparemment sans fin de parents est entré, et nous n'avons pas tardé à manquer de chaises. J'avais recruté Adam pour qu'il prenne des notes, mais la salle était si bondée que lui et Christine ont dû s'asseoir à l'extérieur.

Quand Joanne Harding est arrivée, elle n'a pas trouvé de place et a dû repartir.

Il y avait des parents d'enfants allant de l'âge de Lorcan à l'adolescence en passant par toutes les classes d'âge intermédiaires. Tous racontaient la même histoire : ils avaient bataillé contre le système et reçu très peu de soutien. La plupart des ados et des plus grands, dont beaucoup fréquentaient une école classique, étaient dépressifs et en échec scolaire alors qu'ils s'en sortaient bien durant leurs premières années dans le secondaire. Nous avons discuté de tout cela et conclu qu'il existait bel et bien un besoin pour une telle structure et convenu de nous réunir à nouveau le mois suivant.

La deuxième réunion a de nouveau fait salle comble. Heureusement (si l'on peut dire), huit personnes présentes à la première réunion n'ont pu assister à la deuxième, mais nous avons eu une ou deux nouvelles têtes.

Nous avons une fois de plus échangé des idées, et George Devlin a annoncé qu'il avait déposé une demande de financement. Un représentant de l'Association de l'autisme s'est adressé aux gens.

L'esprit d'entraide et de partage faisait véritablement chaud au cœur. Une grand-mère s'est proposé de garder des enfants, et une mère hypnothérapeute a offert d'enseigner aux parents des techniques de relaxation.

Certains parmi nous projettent d'entreprendre des formations afin de pouvoir aider nous-mêmes nos enfants. Je suis également heureuse qu'Adam s'implique dans le groupe de soutien pour les adolescents. Il a été confronté lui-même aux problèmes et a beaucoup d'expériences à partager.

Étonnamment, après avoir monté le groupe, j'ai découvert que notre agglomération de Trafford disposait d'une coordinatrice pour l'autisme adulte. Sachant qu'Adam a toujours habité Trafford et qu'il a été diagnostiqué il y a de cela six ans, je trouve incroyable que nous n'en ayons jamais été informés.

Nous l'avons rencontrée, et elle a dressé la liste de tout ce qu'elle pouvait faire à son niveau pour aider les autistes âgés de plus de 18 ans.

C'était extrêmement frustrant, car je voulais que Lorcan bénéficie également de ces aides qu'elle se proposait de développer, tel que l'apprentissage des compétences sociales, de la confiance en soi et des aptitudes à communiquer. Pourquoi ne pas enseigner ces compétences aux enfants aussi bien qu'aux adultes ?

À l'heure où j'écris ces lignes, le groupe s'apprête à organiser des réunions en journée, car certains parents ont des problèmes de garde et ne peuvent venir aux réunions du soir.

Nous sommes en train de mettre en place une équipe. On envoie un courrier électronique mensuel aux familles, et le soutien augmente constamment. C'est bon de pouvoir faire quelque chose de tangible pour s'attaquer aux défis auxquels les familles d'enfants autistes font face.

***

Lorcan adore rire. L'autre jour en rentrant de l'école, il m'a dit :

— Je crois que j'ai perdu mon sens de l'humour. Je n'ai pas pu rire à l'école. Il n'y avait rien qui me faisait rire.

Mais, vu son sourire permanent et son goût pour les facéties, je doute qu'il le perde un jour. Il rit même quand il a des ennuis.

On le gronde souvent parce qu'il se bat avec Luke. La dernière fois, il m'a souri en battant des cils pour essayer de me décontenancer.

Je lui ai demandé s'il faisait la même chose à l'école quand il avait fait une bêtise, si cela marchait avec son institutrice.

— Je suis sage à l'école, m'a-t-il répondu. Je ne me fais pas disputer. Mais toi, tu me disputes alors que c'est pas ma faute.

Il avait ajouté en riant toujours comme un fou :

— Tu me disputes parce que je me bats. Mais il faut bien que je me défende. Je comprends pas pourquoi tu me disputes.

J'ai parfois du mal à rester fâchée.

Une autre fois, il embêtait Lily et je lui ai dit :

— Lorcan, laisse la chienne tranquille. Tu veux que je te trouve quelque chose à faire ?

Il a répondu en ricanant :

— Non, non, non…, mademoiselle Legourdin[1] !

Il a ensuite passé l'après-midi à balancer des bombes à eau par-dessus la clôture du jardin pendant que j'avais le dos tourné, puis il s'est faufilé dans le jardin des voisins pour leur chiper un maillet en bois qu'il a rapporté à la maison. Jess aussi lui déclenche des fous rires en permanence. Elle a désormais pris

---

1. Personnage de directrice d'école autoritaire dans le roman pour enfants *Matilda* de Roald Dahl, repris dans le film et la comédie musicale du même nom.

l'habitude de se glisser dans sa chambre quand il se couche, et, après avoir passé un moment à regarder par la fenêtre, puis à piétiner ses jouets, elle saute sur le lit et se glisse sous les couvertures.

Le moins qu'on puisse dire, c'est que ça n'aide pas à l'endormir, car elle le chatouille avec sa queue ou bien ses cabrioles nocturnes le font rire comme une clé à molette.

Lorcan est également très protecteur vis-à-vis d'elle, et son imagination débordante le pousse à voir une menace à chaque tournant. Un jour, il est descendu en s'écriant :

— Au secours ! Vite ! Jessi est en train de renifler la lampe à lave et tu as dit de ne pas y toucher parce que c'est dangereux ! Il faut sauver Jessi !

La bêtasse était couchée autour de la lampe à lave dans la chambre de Lorcan. Je l'ai mise par terre et, aussitôt, Lorcan l'a couverte de caresses.

— Tu vas bien, Jessi ? demandait-il. C'était très, très dangereux ce que tu viens de faire, tu sais ?

Contrairement à beaucoup de chats, Jess adore l'eau et elle s'assied sur le bord de la baignoire quand Lorcan prend son bain. Mais si jamais elle commence à faire sa toilette, il lui dit :

— Ne te lèche pas, Jessi. Ce n'est pas hygiénique !

***

En mars 2013, Lorcan a finalement été intronisé au sein des louveteaux. Cela faisait plusieurs mois qu'il avait quitté les castors, mais il angoissait à l'idée de rejoindre un nouveau groupe. Évidemment, il s'y est beaucoup plu une fois qu'il y a été. Luke était passé chez les éclaireurs à la même période, mais les chefs avaient préféré qu'il continue d'accompagner Lorcan durant les premières semaines, si bien que le pauvre gamin avait dû aller dans les deux groupes pendant quelque temps. Je lui ai octroyé une rallonge de son argent de poche pour sa peine.

Le soir où Lorcan s'était senti prêt à rejoindre sa nouvelle section, il allait devoir prononcer à haute voix la « promesse des louveteaux » et j'étais nerveuse. Les parents avaient été invités à assister au rituel, mais j'étais si anxieuse que j'en avais oublié mon appareil photo.

Nous sommes arrivés quelques minutes avant la fin du rassemblement et on nous a fait nous asseoir. Tous les scouts, y compris Luke, étaient réunis en cercle et faisaient le salut officiel en récitant leurs promesses. D'ordinaire, nous n'assistons pas à la cérémonie de clôture et attendons à l'extérieur. Voir Lorcan accomplir les gestes rituels était émouvant.

La cérémonie de clôture terminée, les castors qui devaient être intronisés ont été conduits devant Akéla (le chef de meute des louveteaux) par un scout plus âgé.

Lorcan et son ami George avaient écrit la promesse des louveteaux sur un papier en cas de trou de mémoire. Ils ont prononcé l'engagement ensemble et nous avons bien entendu Lorcan. Il parlait d'une voix claire et distincte. C'était la première fois qu'il s'exprimait tout haut dans un tel contexte et nous étions vraiment fiers.

Heureusement, la maman de George avait pris son appareil et a pu photographier les garçons. Après la cérémonie, nous avons félicité Lorcan tout en prenant garde de ne pas en faire trop : il doit comprendre qu'il n'y a rien d'exceptionnel à parler dans ce genre de circonstances. À notre retour, Jessi nous attendait près de la porte, et Lorcan s'est aussitôt couché par terre pour lui annoncer la nouvelle.

— Devine quoi, Jessi. Je suis devenu un louveteau ! lui a-t-il annoncé. Je ne sais pas ce que ça veut dire, mais j'ai été « intronisé »…

Lors du premier rassemblement des louveteaux, on nous a dit qu'un camp se tiendrait en mai. Lorcan a catégoriquement refusé d'y aller. Ça ne me surprenait pas vraiment : il couchait encore dans la chambre de Luke la plupart du temps et n'avait jamais passé la moindre nuit sans nous.

Finalement, le camp a été remplacé par une veillée au QG des louveteaux, leur lieu de rencontre hebdomadaire. Quand je le lui ai dit, Lorcan a commencé par dire qu'il voulait bien y aller, ce qui était génial, mais je n'y accordais qu'un crédit relatif.

Quelque temps plus tard, il en a reparlé et m'a indiqué qu'il ne voulait plus y aller. Mais, comme il restait encore plusieurs semaines, je n'ai pas relevé, pensant qu'il changerait peut-être encore d'avis. À mesure que la date approchait, les enfants parlaient de la veillée entre eux, et Lorcan semblait très enthousiaste. Lors du dernier rassemblement avant la veillée, je suis entrée voir les responsables et j'ai discuté avec eux. Ils m'ont assurée qu'ils placeraient Lorcan dans la même tente que ses camarades de classe et qu'ils me téléphoneraient en cas de problème.

J'avais reçu des billets pour assister au bal du maire, qui tombait précisément le soir de la veillée, et j'étais un peu inquiète à l'idée de laisser Lorcan y aller, mais je me suis convaincue que cela lui serait bénéfique. En scout expérimenté ayant campé de nombreuses fois, Luke était parfaitement capable de préparer Lorcan.

Quand le jour est arrivé, nous lui avons empaqueté son sac de couchage, son pyjama et sa brosse à dents et il a insisté pour prendre une seconde torche électrique, « juste au cas où ».

Lorsque nous l'avons déposé dans l'après-midi, j'ai aperçu les tentes dans le camp : il y en avait des modernes et d'autres plus anciennes tenues par des sardines.

À l'époque, Lorcan lisait le premier livre du *Club des Cinq* ; alors, je lui ai précisé que c'étaient les secondes que le Club des Cinq utilisait.

Nous sommes allés signer la feuille de présence, puis nous avons laissé Lorcan avec ses camarades. Quand nous sommes partis, il avait une expression inquiète, mais semblait content d'être là. Je savais qu'il s'amuserait bien avec ses camarades et que l'ambiance lui plairait. Sans compter qu'un voyage scolaire étant prévu lorsqu'il serait en cinquième année, il devait s'habituer à dormir loin de nous.

Je suis allée au bal du maire en demandant à Dave de garder son portable allumé en cas de catastrophe.

Le lendemain matin à 10 heures, nous sommes allés le chercher : à mon grand soulagement, tout allait bien. Ils avaient fait un feu de camp sur lequel ils avaient fait chauffer le petit-déjeuner, et Lorcan m'a raconté qu'ils étaient restés éveillés jusqu'à 1 heure du matin à s'amuser. Une chose était sûre : leurs chefs avaient eu du travail.

Lorcan s'était amusé, mais il n'était pas mécontent de rentrer à la maison. Aussitôt arrivé, il a donné une grande tape sur la croupe de la pauvre Lily et fait des caresses à Jess. Même s'il était fatigué, il est resté de bonne humeur toute la journée.

Je suppose donc qu'il avait passé un bon moment. Avec un peu de chance, la prochaine fois qu'un camp sera organisé, il lui tardera d'y aller

***

Un mois après son intronisation chez les louveteaux, un défi plus important encore s'est présenté à lui. Sa classe étudiait l'histoire des Romains (un de ses sujets favoris) et, lors de l'assemblée, il avait été décidé que les élèves de sa classe joueraient une petite pièce sur ce thème.

Lorcan, qui campait un soldat romain, avait quelques répliques à dire. Il les a soigneusement apprises et a répété plusieurs fois. À mesure que le jour de la pièce approchait, je guettais d'éventuels signes d'angoisse. Les indices habituels sont généralement l'insomnie et la mauvaise humeur, mais il ne manifestait ni l'une ni l'autre. Il connaissait ses répliques sur le bout de la langue et semblait véritablement confiant.

Quelques jours avant la pièce, je lui ai demandé s'il était nerveux.

— Non, a-t-il affirmé. J'ai super hâte de jouer la pièce.

Lorcan n'ayant pas su me dire s'il devait porter une tenue particulière, j'ai débarqué à l'école et demandé à son institutrice s'il avait besoin d'un costume et d'accessoires.

Mme Bernard a répondu qu'un drap blanc suffirait en guise de toge et m'a glissé en passant qu'ils manquaient d'épées. C'était clairement un domaine où nous pouvions nous rendre utiles !

Comme je l'ai dit plus tôt, Lorcan possède une collection d'épées de toutes sortes à la maison. Je lui ai donc proposé d'en prêter quelques-unes à son école et il a bien voulu. J'étais vraiment contente, car Lorcan a toujours rechigné à apporter ses affaires à l'école, de peur qu'on les abîme ou qu'on les perde.

Nous nous sommes dépêchés de rentrer, et Lorcan a fait le tri dans ses épées (qui vont du sabre d'abordage à la réplique de l'épée Gryffondor d'Harry Potter. Il a choisi celles qui faisaient l'affaire et nous les avons emportées.

La veille de la pièce, Lorcan est allé se coucher comme d'habitude. Une demi-heure plus tard, je suis passée par sa chambre, m'attendant à le trouver les yeux grands ouverts, en proie à l'angoisse, mais il dormait à poings fermés.

Le lendemain matin, il s'est réveillé frais et dispos. Il chantonnait sur le chemin de l'école (une musique de Minecraft, un de ses jeux favoris) et m'a souri quand je lui ai fait signe.

Comme je sortais de la cour, Mme Bernard, l'institutrice, est venue me dire un mot.

— Il a passé la semaine à répéter ses répliques à voix haute, m'a-t-elle confié. Mais je ne sais pas comment ça se passera lorsqu'il aura un vrai public.

Durant toute la matinée, je n'ai cessé d'y penser. Je me demandais comment il allait s'en sortir. L'école avait souvent monté des pièces, mais Lorcan n'avait jamais eu de texte à dire. J'étais curieuse de voir comment ça se passerait.

Alors que je m'apprêtais à partir pour l'école, ma mère a appelé et demandé si elle pouvait m'accompagner.

Nous sommes arrivées bien en avance, car je voulais être assise au premier rang. Les chaises au fond de la salle n'ont pas tardé à se remplir de parents et de grands-parents, puis, au bout d'un moment, les élèves de l'école sont sortis dans le hall accompagnés des enseignants. Les troisième année sont alors montés sur scène, Mme O'Connor, la directrice, a présenté la classe, puis la pièce a commencé.

Lorcan n'arrêtait pas de nous regarder en souriant depuis la scène. Comme il avait insisté pour que je le filme quand il s'avancerait pour dire son texte, je me tenais prête, caméscope à la main.

J'étais sur des charbons ardents, et je vous avouerai que je n'ai pas écouté un mot de la pièce tant j'étais anxieuse.

Puis le grand moment est enfin arrivé. Lorcan s'est levé et s'est avancé avec un autre garçon. J'ai mis le caméscope en marche et attendu.

L'autre garçon a dit sa réplique, puis ce fut au tour de Lorcan. J'ai retenu mon souffle pour calmer mon appréhension, et Lorcan a récité ses répliques d'une voix claire et magnifique.

J'étais au bord des larmes, mais je me suis retenue de pleurer et lui ai souri. Il avait l'air d'aller parfaitement bien. Il était juste un petit peu nerveux et il a collé ses mains sur sa bouche quand il s'est rassis. Mais il avait réussi !

Un peu plus tard dans la pièce, il avait une autre réplique, mais je n'ai pas eu le temps de déclencher le caméscope. Là encore, il l'a prononcée à la perfection.

Après le salut final, la directrice et son institutrice de classe de réception, Mme Mellor, sont venues me parler. Mme Mellor m'a confié avoir elle-même versé une larme, et Mme O'Connor a dit que toute l'équipe d'enseignants avait retenu son souffle quand Lorcan avait récité ses répliques. Mme Bernard était visiblement très émue. Beaucoup de parents qui connaissaient le problème de Lorcan sont également venus nous féliciter. C'était génial.

Quand nous sommes rentrés, Lorcan était sur un petit nuage. Il chantonnait tout seul. Il a joué un moment sur son iPad, puis nous avons passé la vidéo et il s'est assis le sourire aux lèvres pour se regarder.

David et moi n'en croyions pas nos yeux : il avait réussi à s'avancer sur scène devant un hall d'école bondé et avait parlé à haute voix.

C'était un formidable accomplissement pour Lorcan, un accomplissement qui, avant l'arrivée de Jess, aurait surpassé nos plus folles espérances. J'étais extrêmement fière.

Épilogue

Un enfant

Dans sa lettre au *Birman Cat Club Magazine*, après que Jessi-cat eut raflé le prix du « chat de l'année », son éleveuse Janet Bowen avait écrit : *Les sacrés de Birmanie possèdent à coup sûr une âme et semblent deviner ce qu'on attend d'eux.*

Concernant l'amitié entre Lorcan et Jess, elle avait ajouté : *Ces deux âmes sœurs étaient faites pour être ensemble. [...] Si un birman sent qu'il est véritablement aimé, il vous rendra plus d'amour qu'il ne vous en faut.* Je suis entièrement d'accord.

Jess est douce et ne porte pas de jugement. On dirait qu'elle sent que Lorcan a vraiment besoin d'elle. Elle nous aime tous, mais c'est toujours vers lui qu'elle court quand nous revenons de quelque part. Et lui adore sa compagnie. Elle l'accueille quand il rentre de l'école et passe le plus clair de son temps avec lui quand il est à la maison. Même quand elle n'est pas là, elle reste présente par l'impact qu'elle a eu sur tous les aspects de sa vie, et notamment sur son travail scolaire. Elle lui donne sans cesse le sourire et l'aide à prendre confiance en lui. Grâce à elle, Lorcan a réalisé de vrais progrès dans sa bataille contre le mutisme sélectif : il parle désormais à ses enseignants, à la plupart de ses camarades, et même à des adultes qu'il ne connaît pas.

Mais l'exploit le plus extraordinaire de Jessi-cat est peut-être de lui avoir appris à exprimer ses émotions. Et à dire : « Je t'aime. »

Dernièrement, l'école de Lorcan a investi beaucoup de ressources pour aider les enfants atteints d'un trouble du spectre autistique. Ils organisent régulièrement des discussions pour aborder le problème des émotions. Il s'agit d'un outil indispensable à la fois pour aider à leur développement social et pour compléter leur éducation.

Lorcan semble limité aux émotions extrêmes : il est soit très heureux et souriant, soit morose et éploré. Les autres émotions, comme l'amour ou l'affection, sont difficiles à comprendre pour lui, et, avant l'arrivée de Jess, je suis certaine qu'il ignorait totalement à quoi elles ressemblaient ou comment les exprimer.

Nous n'avons jamais douté de l'amour que Lorcan nous porte, mais c'était dur quelquefois.

Voilà un petit bonhomme qui détestait les câlins, qui était réfractaire au contact physique et incapable d'exprimer son affection de manière conventionnelle, même envers sa maman ou son papa. Aussi déchirant que cela ait pu être pour nous, nous savions heureusement, en notre for intérieur, qu'il souffrait du syndrome d'Asperger (ou d'une autre forme d'autisme) et que nous n'étions pas fautifs.

Et puis Jess est arrivée, notre Ange aux gènes bleus, avec ses grands yeux saphir, sa fourrure douce et soyeuse et son infinie patience.

Jess a appris à Lorcan à câliner et à bisouiller, à se soucier de quelqu'un d'autre et à faire passer les besoins d'un autre être avant les siens.

C'est une leçon capitale. Les enfants atteints d'autisme ont bien souvent du mal à ressentir de l'empathie, mais Lorcan en éprouve très clairement à l'égard de Jess. Avec le temps, il finira peut-être par apprendre à en avoir également pour les gens.

Depuis qu'il est petit, Lorcan a toujours eu du mal à nous dire s'il y avait quelque chose qui l'inquiétait, lui causait une émotion ou l'angoissait. Il ne pouvait même pas nous dire qu'il avait passé une mauvaise journée. Le mutisme sélectif étant un trouble de l'anxiété, et non du langage, cela complique doublement la tâche de s'attaquer aux racines du problème.

Il est si doux de l'entendre raconter sa journée d'école à Jess, lui parler du bien et du mal, tandis qu'elle ouvre de grands yeux et l'écoute avec attention, bougeant les oreilles en guise de réponse.

Elle lui donne la réplique par ses miaulements sonores et ses tendres caresses. Jamais je n'avais vu un enfant et un animal entretenir un échange qui puisse ressembler autant à une véritable conversation.

Il y a trois ans, quand Jess est arrivée dans notre foyer, Lorcan semblait presque être deux personnes :

un petit garçon jovial et bavard à la maison, mais un enfant frappé de mutisme à l'école à cause d'une anxiété invalidante.

Aujourd'hui, il est capable de s'adresser à la classe pour parler de son chat, de prononcer sa promesse de scout à voix haute, de lire en classe et même de participer à la pièce de théâtre de l'école. Pour Dave et moi, et pour tous ceux qui l'aiment, cela n'est rien moins qu'un petit miracle.

On dit que le chien est le meilleur ami de l'homme, mais, pour notre petit garçon, Jessi-cat est plus qu'une meilleure amie : c'est une planche de salut. Grâce à elle, Lorcan bénéficie d'un avenir plus radieux, et sa fidèle compagne sera à ses côtés à chaque étape.

Cette somptueuse boule de poils, joueuse, curieuse et affectueuse a brisé le mur de silence et permis à notre fils d'enfin trouver sa voix.

Annexe

Jessi-cat et Lorcan célèbres

Le texte qui suit est tiré d'un article écrit pour le numéro 75 du *Birman Cat Club Magazine* (hiver 2012).

La chatte birmane qui a transformé la vie d'un garçon atteint d'un grave trouble anxieux

ADAM PRESTON

En août dernier, mon petit frère Lorcan et sa chatte Jessi-cat étaient invités à la cérémonie de remise du prix du « chat de l'année » organisée par l'association Cats Protection à l'hôtel Savoy de Londres. Jessi-cat avait été nommée dans la catégorie « meilleur ami » et elle a depuis acquis une reconnaissance internationale en raison de l'incroyable lien qui l'unit à Lorcan. Voici leur histoire.

En mai dernier de cette année, ma mère, Jayne Dillon, a remarqué une annonce sur Twitter sollicitant des témoignages sur des chats hors du commun qui avaient d'une manière ou d'une autre aidé leurs maîtres ou leurs maîtresses à surmonter des épreuves ou amélioré leur qualité de vie. Nous avons aussitôt pensé à l'amitié que Lorcan avait développée avec notre chatte birmane de deux ans, Jessi-cat, et avons répondu à l'annonce.

À bien des égards, Lorcan est pareil à n'importe quel autre petit garçon de huit ans : il aime s'amuser avec ses petits soldats et jouer au football avec son autre frère Luke. Pourtant, Lorcan souffre de mutisme sélectif, un trouble anxieux qui lui rend difficile – voire totalement impossible – de parler dans certaines situations.

Quelqu'un atteint de mutisme sélectif, bien qu'il soit capable de parler et de comprendre le langage, ne pourra pas parler dans certaines circonstances ou devant certaines personnes (souvent des inconnus ou des adultes, et parfois même des membres de leur famille). En revanche, ils peuvent être très bavards et très expansifs à la maison. Même s'ils peuvent aussi souffrir de timidité ou de phobie sociale, le mutisme sélectif en soi est différent de la timidité.

Chez les enfants, ce trouble se manifeste souvent quand ils commencent l'école. Beaucoup d'enfants sont réticents à parler dans les premiers temps et rechignent lorsqu'ils intègrent un nouvel environnement, mais ceux qui souffrent de mutisme sélectif ne se décident jamais à « sortir de leur coquille » comme on l'attend. À mesure que leur silence persiste, il devient clair qu'ils sont totalement incapables de parler à leurs enseignants et à leurs camarades.

Malheureusement, en raison de la nature de ce trouble, les enfants atteints de mutisme sélectif sont souvent ignorés et ne reçoivent pas l'aide dont ils ont besoin. Ils sont simplement perçus comme « silencieux », ou même têtus. On croit qu'ils refusent de parler. Comme ils ne sont pas indisciplinés ni turbulents en classe, la plupart ne bénéficient d'aucune aide. C'est alors que Jessi est arrivée !

Il existe de nombreux exemples illustrant les formidables bénéfices thérapeutiques des animaux domestiqués ou de compagnie, en particulier sur les enfants et notamment sur ceux qui souffrent de troubles du langage ou de la communication, tels l'autisme ou le mutisme sélectif. Nous savions déjà cela lorsque nous avons eu Jessi en 2010, mais nous étions loin de nous douter à quel point elle contribuerait à transformer la vie de Lorcan.

Jessi est une magnifique birmane bleue pourvue d'yeux d'un bleu éclatant et d'une queue très fournie. Elle vient de chez Janet Bowen, une éleveuse du Lancashire, et son nom de pedigree est *Bluegenes Angel*.

Extrêmement bavarde, elle converse souvent avec les membres de la famille et nous dit bonjour quand nous nous approchons d'elle. Étant incroyablement curieuse et très amicale, Jessi-cat s'intéresse en permanence à ce que fait Lorcan. Elle le regarde s'amuser avec ses jouets et se joint souvent à ses jeux.

Dans les jours qui ont suivi l'annonce de la sélection de Jessi, Granada Television nous a contactés pour connaître les détails, et on a parlé de Lorcan et Jessi-cat dans les médias locaux.

Mais ce n'était que le début de la célébrité pour eux, car l'histoire de Jessi-cat a été relayée dans la presse nationale, les magazines animaliers, sur de nombreux sites Internet étrangers et même dans des émissions télé. Nous venons d'apprendre qu'elle devait même apparaître dans un livre espagnol !

Le jour de la cérémonie de remise des prix, Lorcan a fait le voyage jusqu'à Londres avec notre mère (Jessi-cat n'a pas pu les accompagner). Il était impatient de voir si sa compagne à quatre pattes allait gagner la prestigieuse récompense.

Ils se sont directement rendus à l'hôtel Savoy, où un déjeuner leur a été servi avant la cérémonie. Lorsque la catégorie du « meilleur ami » a été présentée et qu'on a annoncé que la gagnante était Jessi-cat, sa photo a suscité de nombreuses réactions d'admiration dans la salle. Mais le grand prix restait à venir.

Lorcan a expliqué plus tard qu'il avait croisé les doigts durant toute la cérémonie, et son vœu a été exaucé quand le président de Cats Protection a révélé le nom de la grande gagnante du prix du « chat de l'année 2012 » : il s'agissait de nulle autre que Jessi-cat ! Les vives acclamations suscitées par l'annonce de la victoire de Jessi montraient bien sa popularité. Fou de joie, avec un sourire radieux, Lorcan est monté sur la scène d'un pas assuré pour aller chercher le trophée. Il l'a même soulevé au-dessus de sa tête quand le photographe prenait des photos.

Lorcan et maman ont reçu un bouquet de fleurs, des cadeaux pour Jessi, ainsi qu'un masque de chat. Lors de la cérémonie, ils ont pu rencontrer le créateur de la célèbre série animée *Simon's Cat*, Simon Tofield, vainqueur dans la catégorie du « chat célèbre ». Il a même réalisé un joli dessin pour Lorcan. Avant de repartir, ils ont répondu à des interviews et posé pour les photographes, et Lorcan est rentré à la maison très enthousiaste après cette journée. Il était ravi pour sa petite compagne qui l'a accueilli à son retour sous les miaulements et les caresses.

Le lendemain matin, Lorcan, accompagné de Luke et de maman, a emmené Jessi aux studios de la BBC pour donner une interview sur Radio 5 Live et dans l'émission de télé *Breakfast*.

Elle a été bien sage et a même pu se dégourdir les pattes dans les loges avant d'entrer dans le studio. Jessi-cat a séduit de nombreux téléspectateurs, et la vidéo de son passage dans l'émission a obtenu un immense succès sur le Net.

Pour avoir remporté à la fois le prix du « meilleur ami » et celui du « chat de l'année », Jessi-cat a gagné un approvisionnement en litière pour une année, trois mois de nourriture pour chat, une photo d'elle encadrée et deux trophées sur lesquels est gravé son nom.

Depuis sa victoire, Jessi-cat a acquis une célébrité internationale et fait l'objet d'une grande attention : son histoire a été relayée de par le monde par d'innombrables sites et magazines d'informations, et Jessi, prenant la pose et scrutant avec charme dans les objectifs des photographes étonnés, y a démontré un plaisir constant. La vidéo officielle de Jessi-cat diffusée par Cats Protection comptabilise à ce jour plus de 130 000 vues sur YouTube !

Lorcan a réalisé d'immenses progrès ces deux dernières années, dont une grande partie est attribuable au fort lien d'amitié qui l'attache à Jessi-cat. Ils sont devenus inséparables, et Lorcan parvient maintenant à lui exprimer son affection et son amour d'une manière qui est impossible avec qui que ce soit d'autre. Comme a dit maman dans une interview pour la presse :

— C'est une chatte si belle et si affectueuse qu'il passe son temps à la prendre dans ses bras et à l'embrasser... Elle est à coup sûr la meilleure amie qu'un enfant puisse avoir et a eu un impact positif immense sur sa vie.

Lorcan est désormais capable de dire « Je t'aime », commence à parler à des gens qu'il ne connaît pas très bien et arrive même à lire en classe quand son institutrice le lui demande (chose dont il était incapable auparavant).

Combinés à l'aide que lui apportent son école et ses enseignants, le réconfort et la compagnie qu'il trouve auprès de Jessi-cat l'aident enfin à trouver sa voix.

L'association Cats Protection se réjouit que Lorcan et Jessi-cat aient contribué à mieux faire connaître les chats et leurs qualités souvent sous-estimées d'animaux de compagnie.

Grâce au soutien dont il bénéficie à l'école et à la maison, Lorcan réalise aujourd'hui d'énormes progrès, ce qui montre qu'avec l'aide adéquate, les enfants atteints de mutisme sélectif peuvent surmonter et même vaincre leur anxiété. Jessi-cat prouve à quel point un chat peut changer la vie d'une personne, quel que soit son âge !

Remerciements de l'auteur

Un immense merci à Alison Maloney pour avoir transformé mes anecdotes et mes pensées désordonnées en ce magnifique livre. Merci aussi à toute ma famille pour m'avoir rappelé certaines des pitreries de Lorcan au fil des années.
Je remercie également Christine McLaughlin et Joanne Harding pour le soutien qu'elles m'apportent en tant qu'amies.
À toutes les personnes qui nous ont aidés à monter notre « Groupe efficace performant opérationnel de haut niveau de Trafford » : Lyn, Michelle, George Devlin, la famille Fernandez Arias, la députée Kate Green et son équipe, et les conseillères et conseillers trop nombreux pour les énumérer.
Merci à la SMIRA, notamment Lindsay et Gabby.
Mille mercis, évidemment, à Cats Protection : ce livre n'existerait pas sans le prix du « chat de l'année ».
Un remerciement tout particulier à Janet Bowen pour avoir permis à Jessi-cat d'entrer dans nos vies. Aux institutrices et instituteurs de l'école Woodhouse Primary qui ont été d'une immense gentillesse envers Lorcan, tout spécialement

Mme Bernard, qui a l'insigne honneur d'avoir été la première enseignante à qui Lorcan ait parlé.
Merci aussi à toute l'équipe de Michael O'Mara Books pour avoir pris le temps de s'intéresser à mon histoire avant de me contacter.
Et, dernière dans cette liste, mais pas dans mon cœur, merci à notre chatte Flo.

Remerciements de l'éditeur

Nous souhaiterions exprimer notre gratitude à Adam Preston pour ses photographies dans l'encart photographique et pour nous avoir laissés inclure son texte publié dans le *Birman Cat Club Magazine*. Merci également à Paul Maven, de Paul Maven Photography, à Cats Protection, à Janet Osborn, à la SMIRA et particulièrement à Jo Teece.

Achevé d'imprimer par GGP Media GmbH, Pößneck
en février 2015
pour le compte de France Loisirs,
Paris

N° d'éditeur : 80192
Dépôt légal : février 2015
Imprimé en Allemagne